평등은 미래진행형

*일러두기

1. 이 책의 맞춤법과 인명, 지명 등의 외래어 표기법은 국립국어원의 규정을 따랐습니다.
2. 영어 및 한자 병기는 본문 안에 작은 글씨로 처리했습니다.
3. 이 책에 나오는 도서명은 국내 출간 도서명을 따랐으며, 국내 미발표 작품인 경우 가급적 원서명을
표기했습니다.
4. 본문 내의 Q&A는 실제가 아닌 가상의 대화임을 알려드립니다.
5. 이 책은 다음 브런치에서 연재된 매거진 〈시대에 갇힌 철학자들〉을 재구성한 원고입니다.

평등은
미래진행형

김윤희

송 샘

양명운

한만형

다온북스
DAON BOOKS

시대에 갇힌 철학자들을 깨우다

여성의 억압과 소외를 이야기할 때 항상 여성은 시대와 사회에 갇힌 존재였다. 사상가들 역시 마찬가지이다. 사상은 시대의 산물이고, 사상가는 그로부터 벗어날 수 없다. 남성 사상가들 중심으로 이어져 내려온 정치 사상사-철학-에 여성은 배제되어 있고, 사상가들은 그 시대에 갇힌 채 여성을 바라보았다. 여성의 시선으로 이야기를 하지 못했기 때문에 이제까지의 시대는 여성이 없는 반쪽의 세계였다. 이제는 철학 다시 읽기를 통해 시대에 갇혀 있던 철학자들을 그 시대 밖으로 다시 이끌어 내야 한다.

고대는 플라톤과 아리스토텔레스를, 근대는 루소와 밀, 칸트를, 현대는 니체와 데리다, 아렌트를 중심으로 서술했다. 고전에 대한 재해석은 저자 개인의 시각을 통해 드러나지만 철학자와의 가상 대담을 통해 보여주려는 시도를 해보았다.

스토리텔링은 원전인 텍스트, 사상의 맥락을 이해하기 위한 당대의 시대적 특성과 사상가 개인의 일생, 현재의 시대정신이라는 트라이앵글 구조로 진행된다. 첫째, 텍스트 중심주의Textualism, 둘째, 맥락주의Contextual-ism, 셋째, 시대정신(당대와 현대의 비교)을 중심으로 원전과 사상사, 철학자 개인의 삶을 함께 독해하고 논의한다.

고대 그리스 공동체 내에서의 여성(플라톤, 아리스토텔레스),《불평등 기원론》에서 기인하는 성차별의 기원(루소), 여성의 종속과 해방(밀), 여성 혐오 여성관의 시대적 변화(니체, 데리다), 세계시민으로서의 여성(칸트), 무지의 폭력성(아렌트) 등 원전에 대한 재해석과 주체적인 사고를 통해 심도 있고 새로운 논의가 가능하며 이는 보편적 가치의 중요성이 확대되는 현시점에서 미래를 위해 과거에서 힌트를 찾는 역할을 한다.

철학과 사상이 시대를 뛰어넘어 그 생명력을 유지하는 이유는 끊임없이 당대의 시대정신을 바탕으로 다시 읽히고 논의되기 때문이다. 따라서 원전에 대한 해석 역시 시대정신과의 조응 속에서 이루어져야 한다. 원전에 대한 반복적인 해석에만 그친다면 교조주의어떠한 교의나 사상을 절대적인 것으로 받아들여 현실을 무시하고 이를 기계적으로 적용하려는 태도에 그칠 뿐이다. 비판적인 다시 읽기를 통해 철학은 비로소 고전의 반열에 오르게 된다. 여성성에 대한 논의를 바탕으로 남성 중심의 정치철학을 다시 읽고 현재의 시대정신으로 다시 써나가는 것이 필요하다는 생각에 함께 모여 글을 썼다.

청출어람청어람 靑出於藍靑於藍!

추천사를 쓰기 위해서 이 책을 첫 페이지부터 읽어가기 시작했는데, 과연 무슨 글을 썼을까 하는 단순한 호기심이 글을 읽어가면서 진지한 지적 탐구심으로 변해가는 것을 느꼈다. 한 마디로 말해 제자들의 글에서 많은 것을 배울 수 있었고, 이러한 제자들을 배출했다는 것에 스승으로서의 자부심도 느낄 수 있었다.

이 책의 가장 큰 특징은 필자들이 기존의 학문적 업적이나 성과에 갇히지 않고 좀 더 자유롭게 사상가에 대한 스토리텔링을 하고 있다는 점이다. 엄격성에서 벗어나 자유롭되 진리를 왜곡하지 않는 스토리텔링은 정치 사상에 목말라하는 학도들과 일반 독자들의 눈높이 맞춰 간결하고 핵심적인 철학적 메시지를 전해줄 수 있다는 점에서 가장 큰 장점을 가지고 있다.

두 번째 특징은 페미니즘의 관점에서 이전 시대의 사상을 조명하고 있다는 점이다. 필자들은 각각의 서양 사상가가 여성에 대해 어떤 관점을 갖고 있는지를 잘 정리하여 소개하고 있다. 남녀평등, 아니 페미니즘의 용어로는 성평등에 대한 논의를 최초로 시작한 플라톤, 그리고 근대적 여성관을 최초로 개진한 루소, 여성의 종속을 비판한 밀 등의 철학자들이 제시한 여성주의에 대한 설명 및 페미니즘 관점에서의 비판이 잘 정리되어 있다.

하지만 이런 필자들의 글에서 우리 독자들이 유의할 점이 있다. 앞에서 제시된 철학자들에 있어서 여성주의는 핵심적 관심이 아니었다는 점이다. 여성의 문제는 이들 철학자가 각자 제기한 '영구적 문제'를 풀어 나가기 위해 부차적으로 논의되었다. 이들의 여성주의는 각자의 철학체계 내에서 좀 더 주의 깊게 조명될 필요가 있다. 현대의 급진적 페미니즘의 관점에서 보면 현대 이전 철학자들의 여성에 대한 관점은 모두 결격 사유를 지닌다. 이것은 현대 첨단 의술을 기준으로 삼아 과거의 의술을 무조건 잘못되고 모자란 것이라고 재단하는 것과 같다. 이러한 우를 벗어나려면 당대의 시대정신을 고려하면서 철학자들의 진정한 의도를 파악하려는 노력이 필요하다. 이 책의 필자들이 주장하듯이 철학자들이 페미니즘의 시각에서 각자의 시대에 갇혔다고 하더라도, 이들의 저작이 고전으로서 시공을 초월하여 계속 읽히고 있다는 사실은 이들의 철학이 시대에 갇혀 있지 않음을 방증한다.

철학은 끊임없이 질문을 던지면서 깨우침을 얻는 학문이다. 이 책의 필자들은 페미니즘이란 화두를 던져서 철학자들이 시대에 갇혀 있음을 보여 주고자 했다. 이들의 시도는 상당히 성공적이라 할 수 있다. 그러나 자신이 아는 지식에 만족하고 거기에 갇혀 있어서는 안 된다. 더 많이 배우고 더 많이 생각하여 자신의 사상에 폭과 깊이를 더해야 한다. 이 책은 기존 지식에 갇히지 않고 새로운 지식을 얻으려는 필자들의 학문적 도전 과정을 잘 보여 주고 있다. 우리 독자들 역시 한 차원 높은 수준에서 심화되고 강화된 형태로 수행한다면 우리 모두 시대에 갇힌 철학자들의 모습뿐만 아니라 시대에서 해방된 자유로운 철학자들의 모습도 발견할 수 있게 될 것이다. 의식하지 못하는 사이에 시대에 갇혀 버리고 시대정신에 마비된 독자들에게 이 책을 일독할 것을 강력하게 추천한다.

김용민 한국외국어대학교 정치외교학과 교수

다름의 진정한 의미를 생각하다

몇 가지 질문을 해보자. 공동체는 어떻게 구성되는가? 남녀로 구성된다. 우리는 이러한 근본 경험을 현실에서 어떻게 이해하고 실천하는가? 이 질문은 많은 생각을 요구한다. '인간다운 삶'이란 문제와 맞닿아 있기 때문이다.

역사와 이론 영역의 성평등에 관련한 논의는 시대의 변화에도 불구하고 여전히 전통의 틀을 벗어나기란 쉽지 않다. 예컨대, 최근 '여성 혐오'에 맞서는 사회 운동 또는 '미투' 운동이 이를 대변한다. 차이에 대한 혐오와 분노는 사유하지 않음에서 발현되는 비정상일 것이다. 이해의 지평을 넓혀 우리의 삶을 규정하는 인간조건들, 특히 '다원성'에 주목할 필요가 있다. 다원성은 이 책의 핵심어인 '평등'과 연관된다. 다원성은 자유와 평등을 기본 요소로 하며, '차이'의 다른 표현이기도 하다. 따라서 동일성과 차이의 문제는 페미니즘 논쟁을 풀어가는 핵심축이 된다.

이 책은 고대에서 현대에 이르는 위대한 철학가들의 저작에 드러난 '배제된 여성' 문제를 주제로 삼고 있다. 형이상학의 전통에서 근본적인 해답을 찾기란 쉽지 않다. 전통에서 동일성의 원리는 보편적인 것으로 인정되었고, 20세기 후반 이후에야 비로소 강력하게 도전을 받고 있다. 다행스럽게도 이러한 지적 도전은 페미니즘에서 확연히 나타난다. 이런 배경을 고려하면서 페미니즘을 논의할 때 자신의 독자적 입장을 정립하기란 쉽지 않다.

《평등은 미래진행형》에는 (정치)철학의 전통 때문에 부각되지 못한 '배제된 여성' 문제를 비판적으로 고찰하려는 정치학도들의 열정이 잘 드러난다. 필자들은 여성 문제에 초점을 맞추어 플라톤과 아리스토텔레스부터 루소, 칸트, 밀을 거쳐, 니체, 데리다, 아렌트까지 정치적 사유의 궤적을 잘 드러내고 있다. 이 책에서는 드러내기 쉽지 않은 것들을 발굴하려는 도전적인 사유와 의지가 돋보인다. 이들의 진지한 학문적 성찰에 고마움을 표하고 싶다.

사상가들의 사유 궤적 또는 주의와 주장을 이해하는 것도 중요하지만, 이 책은 앞에서 언급한 핵심 문제를 다양한 쟁점들과 연계시켜 고민할 기회를 제공한다. 즉 남성과 여성의 정치적 사회적 위상을 논의할 때 제기되는 수많은 쟁점들을 제시한다. 예컨대 이성과 감성(정념)의 역할, 우열 관계, 주체와 객체(타자)의 위상, 지배(억압)와 피지배(종속) 근거,

미와 숭고, 친숙함과 낯설음, 중심과 주변, 포섭과 배제, 배려와 공존 등을 들 수 있다.

'하나 속의 둘'이라는 개념을 빌어 감상평을 밝힌다. 두 연인은 사랑으로 함께 하나가 되며, 이때 '둘'은 차이를, '하나'는 동일성을 함의한다. 아울러 '사랑Love'은 '함께'를 가능케 하는 중매쟁이다. 이 내용은 동일성과 차이가 대립과 배제를 넘어 조화와 혼합의 관계를 전제한다는 점을 강조하고 있다. 그러니 여성의 억압과 소외 문제를 '동일성과 차이의 공속성'이란 측면에서 접근하려는 노력이 필요하지 않을까.

우리는 사유를 통해서 사물이나 사태를 항상 새롭게 볼 수 있다. 참신하고 비판적 문제의식과 색다른 저술 구조 형태를 취하고 있는 이 책이 독자들에게 조그마한 도움이 되길 바란다.

홍원표 한국외국어대학교 명예 교수

차 례

고대 | 인간에 대한 관찰과 가능성

근대 | 근대적 인간에서 배제된 여성

현대 | 혐오와 폭력

고대

인간에 대한
관찰과 가능성

이상 국가를 향한
세 차례의 파도

정의란 무엇인가

기원전 5세기, 고대 그리스에는 전쟁이
라는 폭풍이 휘몰아쳤다. 아테네와 스파르타 사이에 벌어진 펠로폰
네소스 전쟁Peloponnesian War은 약 30년 만에 스파르타의 승리로 막을 내
리며 고대 아테네에 상처를 남겼다. 당시 민주 정치를 대표하던 아
테네의 패배는 정치 체제에 변화를 가져오게 되었다. 아테네에는
30인 과두 정권이 세워졌다. 하지만 이는 일 년도 채 되지 않아 민주
파에 의해 무너졌고 이후 한바탕 정치 보복이 진행됐다. 그 과정에
서 뜻밖에도 철학자 소크라테스Socrates가 젊은이들을 타락시키고 신
을 믿지 않는다는 이유로 재판에 회부된다. 이 재판에서 소크라테스
는 배심원들에 의해 사형 판결을 받는다.

당시 소크라테스의 제자였던 플라톤Plato은 이 사건으로 큰 충격을 받아 민주 정치에 회의감을 느끼고 아테네를 떠났다. 약 40세의 나이에 다시 아테네로 돌아온 플라톤은 그의 학문 활동의 본거지인 아카데미아Academia를 세우고 생을 마감할 때까지 학문 연구에 전념했다.

〈소크라테스의 죽음〉, 자크 루이 다비드Jacques Louis David

《국가》에서 말하는 이상 국가, 즉 정의로운 국가의 수립은 '세 차례의 파도'를 넘어야만 이룰 수 있다. 첫 번째 파도는 남녀평등, 두 번째 파도는 처자식 및 재산의 공유, 세 번째 파도는 철인왕의 통치이다. 첫 번째 파도와 두 번째 파도를 넘어 정의로운 국가를 실현시키는 것은 철인왕의 통치를 통해 가능하다. 철인왕의 통치란 철학과 정치권력이 합쳐진 것으로 볼 수 있다. 즉, 철학자가 통치를 하는 것이다. 그렇다면 철학자란 누구인가? 철학자는 '지혜를 사랑하는 이ho philosophos'이며, '진리aletheia'를 구경하기 좋아하는 사람이다. 그렇다면 누구나 철학자가 될 수 있을까? 플라톤에 따르면, 그것은 이미 정해져 있다. 플라톤은 모든 사람이 태어날 때부터 다른 성분(성향)—금의 성분, 은의 성분, 동의 성분—을 가지고 있다고 주장한다.

《국가》 중 일부, 플라톤

여러분들은 모두 형제이다. 그러나 신이 여러분을 만들 때 능히 국가와 시민을 다스릴 수 있는 이들에겐 황금을 섞어 탄생시켰다. 반면에 보조자들에겐 은을, 농부나 장인들에게는 쇠와 청동을 섞었다. 대개는 자신을 닮은 자손을 낳지만 종종 황금에서 은의 자손이, 그리고 은에게서 황금의 자손이 탄생되는 때가 있다. (중략) 만약 통치자의 자손이 청동 성분이나 쇠 성분이 섞인 상태로 태어났다면 동정하지 말고 성향에 적합한 지위를 주어 장인들이나 농부들 사이로 밀어 넣어야 한다. 반대로 시민 중 누군가가 황금이나 은의 성분이 혼합된 상태로 태어난다면 그를 예우하여 수호나 보조의 지위로 상승시켜야 한다. 쇠나 청동의 성분을 지닌 통치자가 등장하면 나라가 멸망하리라는 신탁이 있기 때문이다.

《국가》, 415a-c

소크라테스 암컷 감시견들이 수컷과 똑같이 사냥하고 공동으로 일해야 한다고 생각하는가 아니면 출산과 양육으로 인해 집 안에만 머물며, 모든 일을 수컷이 해야만 하는가?

글라우콘 모든 것은 공동으로 해야만 합니다.

소크라테스 동등한 양육과 교육을 받게 하지 않는다면 같은 목적으로 이용하는 것이 가능하겠는가? 여자를 남자와 같은 목적에 이용코자 한다면 여자들에게도 같은 것을 가르쳐야만 하네.

《국가》, 451d-e

영혼에는
성별의 구분이 없다

통치자는 금의 성분, 수호자는 은의 성분, 장인은 동의 성분을 타고난다. 만약 여성이 금의 성향을 가지고 태어난다면 어떻게 될까? 플라톤은 만약 여성이 금의 성향, 즉 통치자 혹은 철학자, 수호자의 자질을 타고났다면 여성도 통치자가 될 수 있다고 말한다. '여성 철인왕Philosopher-Queen'이 가능하다는 것이다. 영혼과 성향에는 성별의 구분이 없다. 플라톤은《국가》제5권에서 글라우콘Glaucon과의 대화를 통해 여성을 남성과 같은 목적으로 이용하

소크라테스 대머리인 사람과 장발인 사람의 성향에 대해 생각해보는 것이 좋을 것 같네. 이들의 성향이 반대된다면 대머리인 사람이 신발을 만드는 일을 할 때 장발인 사람들은 그걸 못하도록 해야 하고, 반대로 장발인 사람들이 그 일을 할 경우에는 다른 쪽이 못하게 해야만 하네. 우리가 성향을 종(種)에 국한시켰기 때문일세. 남자 의사나 여자 의사나 같은 의사의 성향을 지니고 있다고 말했네. 그렇지 않은가?

글라우콘 저로서는 그렇게 생각합니다.

소크라테스 의사와 목수는 다른 성향을 지녔고?

글라우콘 다를 것이 분명합니다.

소크라테스 따라서 남성과 여성이 어떤 기술이나 일에 있어서 서로 다르다고 판명되면 서로 다른 일에 배정해야만 하네. 그러나 그들이 다르다고 생각하는 이유가 여성은 아이를 낳으나 남성은 아이를 생기게 한다는 점에 불과하다면 이 증명은 잘된 것이 아니며, 오히려 우리의 남자들은 아내들도 같은 업무에 종사할 수 있어야만 한다고 생각해야 할 걸세.

《국가》, 454c-d

고자 한다면 여성에게도 똑같은 교육을 베풀어야 한다고 주장한다.

플라톤은 대머리인 사람과 장발인 사람의 성향을 예로 들면서 획기적인 주장을 한다. 이러한 플라톤의 주장은 당시 아테네 사회에서 오랫동안 굳어져 있던 관행을 부수는 것이었다. 성별에 따라 직업, 노동이 정해진다는 당대의 시각과는 달랐기 때문이다. 의사면 의사지, 남자 의사와 여자 의사를 구분할 이유가 없다는 것이다.

즉, 남성과 여성의 본성에 종적 차이(in kind)는 없고 정도의 차이(in degree)만이 있다. 능력만 있으면 여자도 철인왕이 될 수 있다. 반대로 남성이라도 능력이 없다면 대단한 위치에 있더라도 국가를 통치할 수 없다.

플라톤은 남자가 아이를 생기게 하고 여자는 아이를 낳는다는 점, 그리고 남자에 비해 여자의 신체적 힘이 상대적으로 약하다는 것을 빼고 남녀 간에 본질적인 차이는 없다고 말한다. 플라톤이 살던 시대를 생각해 본다면 이러한 주장은 가히 파격적이다. 결국 플라톤은 성별에 따른 차별 없이 나라를 경영하는 일을 '성향에 따라' 누구에게든 맡길 수 있다고 주장한 셈이다.

여성이 아닌
여성 통치자

플라톤은
페미니스트였을까?

'성별'이 아닌 '성향'에 따라야 한다는 플라톤의 주장은 당시 그리스 여성의 지위를 생각한다면 획기적인 제안이었다. 이렇게 플라톤은《국가》에서 여성의 교육과 여성 철인 왕의 가능성을 열어 놓았다. 플라톤을 페미니스트로 규정한 대표적인 철학자 그레고리 블라스토스 Gregory Vlastos 는 〈플라톤은 여성주의자였을까? Was Plato a Feminist? 〉라는 논문에서 페미니즘을 "성별 때문에 인권의 평등이 거부되거나 제한되지 않아야 한다"는 이념으로 정의할 경우, 플라톤이 최초의 페미니스트인 셈이라고 주장한다. 영혼에는 성별의 구분이 없고, 여성과 남성이 똑같은 교육을 받을 수 있으며,

여성도 나라를 이끄는 통치자가 될 수 있다는 플라톤의 주장은 당대의 한계를 뛰어넘은 것처럼 보인다.

하지만 플라톤을 선뜻 페미니스트라고 불러도 되는 걸까? 안타깝게도 《국가》 곳곳에서 여성을 향한 왜곡된 시선을 마주할 수 있다. 몇 가지 사례들을 살펴보자. 먼저 플라톤은 《국가》 제3권의 모방을 통한 교육을 이야기하는 대목에서 성차별적인 말을 사용한다.

우리는 훌륭한 남성이 되어야 할 이들이 여인을 모방하는 것을 허용하지는 않을 걸세. 그 여인이 젊건 나이가 많건 간에, 남편에게 욕설을 퍼붓거나, 신들에게 반항하며 자신의 행복을 뽐내는 여인이건 간에, 불운과 슬픔에 빠져 있는 여인이건 간에 말일세.
《국가》, 395d-e

그리고 플라톤은 《국가》 제10권에서 당시의 호메로스Homeros나 비극 시인들이 종종 영웅들을 슬픔이나 비탄에 잠긴 모습으로 묘사하는 것을 비판한다. 그들이 슬픔과 비탄에 잠긴 모습은 여성적인 모습이라고 말하면서, 당시의 성차별적인 인식을 그대로 수용한다.

개인적인 슬픈 일이 생겼을 때, 침착하게 그 상황을 견뎌낸다면 이를 남자다운 것으로 여기지만, 반면 참지 못하고 슬픔과 비탄에 빠지는 것을 여성적으로 여기네.
《국가》, 605d-e

이처럼 플라톤은 남성은 이성적이고 여성은 감성적이라는 당시의 일반적인 차별 인식도 그대로 수용하고 있다. 또한 "많은 욕구와 쾌락, 고통을 특히 아이들, 여인들, 하인들과 같은 다수의 미천한 사람들에게서 발견할 수 있다"고 말하기도 한다. 《국가》 제8권에서는 탐욕스럽고 야심 많은 여성의 본성을 지적하면서 그들이 아들을 타락시킬 수 있는 존재라고 묘사한다.

플라톤에게 아테네 민주주의란 스승 소크라테스를 죽인 '멋대로 할 수 있는 자유'로 가득하고 타락한 형태였다. 그래서 플라톤은 《국가》 제8권에서 민주주의를 따르는 사람을 여성에 비유해 비하했다.

> 아마 정체 중에서는 이것이 가장 아름다운 것 같네. 온갖 수를 놓은 다채로운 외투처럼 이 정체도 온갖 성격으로 장식되어 있어 아름다워 보이는 걸세. 마치 다채로운 것들을 보고 있는 아녀자들처럼 많은 이들이 이를 아름다운 것이라 판단할 걸세.
>
> 《국가》, 557c

여성으로서 존재하지 않는 여성 통치자

앞의 발언들은 둘째 치고, 여성 교육과 여성 통치자를 이야기했다는 것만으로 그를 페미니스트라고 불러도 되는 걸까? 사실 플라톤이 말한 여성 통치자는 큰 한계를 가지고 있다. 플라톤이 말한 여성의 정치적 주체화는 '여성으로서 존재하지 않는 여성 통치자'로 이어지기 때문이다.

플라톤은 《국가》에서 두 번째 파도인 처자식 및 재산의 공유를 통해 가족의 폐지를 주장한다. 당시 그리스 시대를 살았던 플라톤은 여성을 남성의 소유물로 인식했다. 그에 따르면 처자식을 공유하는 것은 사유 재산을 공유하는 것과 마찬가지이다.

이러한 처자식의 공유는 평등의 발상이라기보다는 공공선을 위한 '여성이 없는 여성 통치자'의 육성이라고 볼 수 있다. 예를 들어, 플라톤의 이상 국가에서 통치자와 수호자는 최상급이어야만 하는데, 최상급 통치자를 얻기 위해서는 최선의 남성과 여성이 만나 아이를 낳고, 아이는 곧바로 보호구역으로 옮겨 양육자들에 의해 자라야 한다. 결국 플라톤이 말하는 여성 통치자란 자신의 의사와는 상관없이 국가의 지배를 받고, 자신의 아이를 낳자마자 낯선 곳으로 보낼 수 있어야 한다.

(통치자 혹은 수호자 계급의) 여성 해방의 목적은 여성 개개인이 아닌 국가의 이익을 위한 것이다. 국가에 이익을 가져다주는 수호자 계급의 여성은 전통적인 가족 제도에서 벗어날 때에만 그 능력을 발휘할 수 있다. 플라톤이 여성의 기능에 낮은 가치를 부여하고, 국가를 위해 처자식을 공유해야 한다고 말한 것은 남성 중심적 혹은

전체주의적 사고에서 나온 편견이다.

이러한 남성과 여성의 '무無차이성'은 긍정적 의미를 가지기 힘들다. 플라톤은 여성 통치자에게 딜레마를 강요하고 있다. 플라톤이 상정하고 있는 여성 철인왕은 자신의 성적 특징을 제거해야만 가능성이 도모되는 한계를 지녔다. 즉 여성 철인왕은 성별을 포기하도록 강요받는다. 이것은 올바르지도, 가능하지도 않은 일이다.

여성의 정치적 주체화는 남성과 동화되어야만 가능한 것인가?
여성 자체로 정치적 주체가 될 수는 없는가?

이러한 '여성성을 제거한 여성', '여성 없는 여성'이라는 플라톤의 시각은 페미니즘 운동의 변천 과정 속에서 답습된다. 서구에서는 페미니즘 운동을 세 번의 물결wave로 정리한다. 첫 번째 물결(1880~1920년)은 여성들의 정치적 권리 획득을 위한 참정권 운동이고, 두 번째 물결(1960~1980년)은 여성 해방을 중심으로 여성의 관점에서 평등권 획득을 목표로 하는 운동이며, 세 번째 물결(1980~1990년)은 여성 간의 차이를 드러내며 페미니스트 정체성에 근거한 평등권 운동으로 구분된다.

이 중 제1기 여성 운동은 억압된 여성을 해방시키는 데 기여했다. 하지만 여성이 가진 가사 노동, 낙태, 모성 등을 제거하고 남성과 동화되어야만 하는 한계가 있었다. 생물학적 차이까지 제거해야만 정치적 주체로 설 수 있던 것이다. 즉, 남녀의 신체적, 배경적 차이에도 불구하고 평등만을 강요하는 것은 여성의 섹슈얼리티를 무시하는 것일 뿐만 아니라 여성의 신체를 제거한 것이라고 볼 수 있다.

정치학자 아이리스 영Iris Marion Young은 "기존 지배 질서가 잔존해 있는 상황에서 '같음'과 '평등'을 지향한다는 것은 아무런 의미가 없다"고 말한다. 제1기 여성 운동의 한계를 극복한 제2기 여성 운동은 여성주의의 가치를 우선시하고, 여성에 우월성을 부여하면서 남성과 여성의 차이를 강조하는 '차이 지향성'을 방향으로 했다. 이를 바탕으로 플라톤의 여성관을 비판하자면, 여성이 여성으로서 정치적 주체가 되는 방법은 남성과 여성의 '무차이성'이 아닌 '차이에 대한 인정'에 있다.

여성에게 무대를
열어 주지 않은 플라톤

《국가》에서 나타난 평등관은 한계가 명확하다. 첫째, 처자식의 공유라는 표현은 남성 중심의 시각으로 여성과 자녀를 객체화한 것이다. 사실 플라톤이 말한 처자식의 공유란 남성이 여성을 공유하는 것뿐만 아니라 여성 역시 남성을 공유한다는 의미를 담고 있으므로 '남녀 및 자녀의 공유'라고 표현했어야 한다. 이는 남성 중심적 언어 인식에서 벗어나지 못했음을 보여준다.

둘째, 《국가》에서 여성은 주인공으로 등장하지 않는다. 《국가》 전체에 걸쳐 소크라테스 이외에도 총 여섯 명의 화자가 등장한다. 《국가》는 밴디스 여신을 모시는 축제가 끝나고 폴레마르코스의 집에 모인 남성들의 대화로 구성되어 있다. 여자는 여신 혹은 공유의 대상으로 잠시 등장할 뿐 전체 대화에서는 전혀 등장하지 않는다. 남자들끼리 모여 대화를 나눈 탓에 그 자리에 없는 여자를 객체화시키는 잘못을 저지른 것이다. 《국가》는 있는 사실을 그대로 옮긴 글이 아니라 플라톤의 사유 속에서 재구성된 글이기 때문에 여성을 대화의 '주제'가 아니라 대화의 '주체'로 등장시킬 수도 있었다. 하지만 플라톤은 여성에게 정치적 무대를 허용하지 않았다.

만약 플라톤이 약 2400년 전 《국가》라는 저서에서 여성을 주체로 해 남성과 동등한 대화자의 위치로 서 있는 모습을 보여주었다면 후대에 페미니스트로 불릴 수 있지 않았을까?

여성은 손상된 남성이다

한만형

아리스토텔레스는
여성 혐오자?

아리스토텔레스Aristotles는 17살에 플라톤이 세운 아카데미아에 입학했으며 플라톤은 그에게 '아카데미아의 예지'라는 별명을 붙여줄 정도로 그를 아꼈다. 플라톤이 세상을 떠난 이후, 아리스토텔레스는 리시움Lyceum 학당을 세우고 약 12년간 논리학, 철학, 수사학, 정치학, 윤리학 등을 가르치며 '모든 학문의 아버지'라고 불릴 정도로 다양한 학문의 기초를 세웠다. 그의 철학과 사상은 중세의 아퀴나스, 근대의 마키아벨리, 몽테스키외, 홉스, 로크, 루소에게 영향을 주었으며, 현재까지도 꾸준히 세상에 영향을 미치고 있다.

앞서 우리는 플라톤의 여성 통치자에 대한 생각을 알아보았다. 그렇다면 그의 제자 아리스토텔레스는 세상의 절반인 여성에 대해 어떻게 생각하고 있었을까? 보통 아리스토텔레스는 '여성의 적이자 성차별주의자Sexist, 여성 혐오주의자Misogynist, 남성 우월주의자Male chauvinist 또는 Masculinist'로 알려져 있다.

먼저 아리스토텔레스는《동물생성론Generation of Animals》에서 기본적으로 남성은 온전한 존재, 여성은 남성에서 무엇인가 손상된(불구가 된), 부족한 존재로 묘사한다. 이러한 인식은 아리스토텔레스의 생물학적, 형이상학적 인식에서 비롯된다. 아리스토텔레스는 기본적으로 모든 자연물은 질료와 형상으로 이루어진다는 '질료형상론'을 주장한다. 이는 형상을 갖지 않은 질료는 있을 수 없고, 질료를 갖지 않은 형상 역시 있을 수 없다는 이론이다. 날카로운 칼을 예로 들자면, 칼이 칼의 역할을 하기 위해서는 날카로운 날과 뾰족한 모서리를 가지고 있어야 한다. 이것이 칼이 가지는 '형상적 측면'이다. 또한, 칼은 쇠로 만들어야 한다. 밀가루 반죽으로 만든 칼은 역할을 수행할 수 없기 때문이다. 이것이 칼이 가지는 '질료적 측면'이다.

이렇듯 아리스토텔레스는 사물이 형상적 측면과 질료적 측면을 모두 갖고 있다고 생각했다. 나아가 그는 질료형상론을 바탕으로 4원인설을 말한다. 모든 사물이 네 가지 원인—질료인, 형상인, 작용인, 목적인—에 의해 생성된다고 보는 것이다.

문제는 아리스토텔레스가 4원인설을 인간의 탄생에 적용하며 남성 우월주의적 견해를 투영한다는 점이다. 아리스토텔레스는 남성이 형상을 제공하고, 여성이 질료를 제공한다고 구별한다.

아리스토텔레스는 탄생의 과정에서 남성이 형상인, 작용인, 목적인의 역할을 하고 여성이 질료인의 역할을 한다고 보았다. 남성은 아이의 형태를 모두 구성하는 능동적인 역할을 하는 반면, 여성은 단지 태아가 자라나는 장소만을 제공하는 수동적인 역할에 그친다는 것이다. 이러한 구별은 결국 '형상의 제공'을 우월한 것으로, 반대로 '질료의 제공'은 열등한 것으로 생각하게 만들고, 아리스토텔레스가 남성 우월주의자로 보이게끔 한다.

세상의 절반은 여성

"인간은 본성적으로 정치적 동물이다 Man is by nature a political animal"라는 아리스토텔레스의 유명한 명제가 있다. 아리스토텔레스는 인간이 로고스Logos, 이성를 가진 동물이라고 보았기 때문에 윤리적이거나 정치적인 문제를 해결하며 폴리스Polis를 형성하고 살 수 있다고 보았다. 하지만 아리스토텔레스는 정말로 '모든 인간'이 똑같이 이성을 갖고 있다고 생각하지는 않았다.

당시 아테네에서 여성으로 태어난 자들은 재생산을 위한 존재로만 인식되었다. 여성의 재생산 역할은 여성을 가정에서 벗어나지 못하게 하는 주요한 요인으로 작동했고 공동체는 이를 여성의 정치적 의무라고 보았다. 여성은 가정 혹은 사적 영역 안에서만 존재하고, 정치 혹은 공적 영역에서는 배제되었다. 아리스토텔레스는 여성은 정치 분야에서 남성과 같이 독자적인 판단을 내릴 만한 이성적 능력을 갖추고 있다고 보지 않았다.

이러한 차별은 법적, 정치적, 사회적, 문화적, 제도적으로 더욱 공고화되었다. 웬디 브라운Wendy L. Brown은 "정치는 그 어떤 활동보다도 남성적 정체성으로 태어났으며 그 어떤 활동보다도 남성적이었다"라고 지적한다. 고대 아테네 역시 마찬가지였다. 당시 아테네의 민주주의는 남성들만의 잔치였고, 아테네의 여성들은 정치, 사회, 법적, 문화적으로 철저히 소외되고 무시되었다.

하지만 아리스토텔레스는 《정치학politics》에서 "자유민의 절반은 여성"이라고 강조한다. 남편과 아내가 각각 한 가정의 일부이듯 국가도 남성과 여성으로 이루어졌다는 것이다. 따라서 아리스토텔레스는 세상의 절반인 여성도 교육을 받아야 한다고 주장했다. 여성이 국가의 정체 즉, 법률에 맞추어 교육을 받아야만 국가의 건전성을 높일 수 있다고 보았기 때문이다. 그렇지 못한 국가는 반쪽 국가나 마찬가지였다.

아리스토텔레스는 국가의 구성원을 남성, 여성, 아이, 노예로 분류해 각각의 역할을 설명한다. 먼저, 남성은 가정 영역에서 일상의 삶을 누리고, 국가 영역에서 정치에 참여한다. 여성은 아이들을 낳아 키우며 가정에서 남편이 획득한 재산을 유지한다. 노예는 주인의 욕구에 따라 봉사한다. 따라서 앞서 "인간은 본성적으로 정치적 동물"이라고 말한 아리스토텔레스의 명제에 따르면 가장 인간답게 살 수 있는 사람은 바로 남성이다. 여성과 노예는 남성의 인간다운 삶을 위한 도구적 역할을 할 뿐이다. 즉, 남성은 정치 혹은 공적 영역에 존재할 수 있으나, 여성, 노예, 아이들은 질서정연한 가정 혹은 사적 영역에 있어야 한다는 것이 아리스토텔레스의 생각이었다.

아리스토텔레스는 이러한 차별적 발언들을 자신의 저서인《정치학》에 다음과 같이 남겨 놓았다.

> 남성의 용기는 나라를 다스리는 자(治者)의 용기이고, 여성의 용기는 섬기자는 자의 용기다.
>
> 《정치학》, 1260a14
>
> 본성적으로 수컷은 우월하고 암컷은 열등하다. 따라서 수컷은 지배하고 암컷은 지배받는다. 인간관계 전반에 이러한 원칙이 적용되어야 한다.
>
> 《정치학》, 1254b2

아리스토텔레스는 남성과 여성의 역할이 뒤바뀐 공동체나 정체를 굉장히 부정적으로 묘사한다. 아리스토텔레스에 따르면 남성은 지배하는 자, 여성은 지배받는 자여야 한다.《정치학》에서 남성이 여성의 지배를 받는 나라, 즉 정치를 여자들이 좌지우지하게 된 나라로 스파르타를 소개한다. 아리스토텔레스는 여성이 국가를 지배하는 것이나 여성의 지배를 받는 자들이 국가를 지배하는 것이나 마찬가지라고 말하면서, 스파르타의 경우 여성이 남성을 지배하게 되면서 국가가 부富를 추구하게 됐으며, 결국 온갖 방종과 사치에 탐닉하게 되었다고 설명한다. 여성의 위치가 잘못 규정된 국가는 탐욕과 사치로 인해 몰락하게 될 것이라는 경고를 하고 있는 것이다.

구별의 정치

아리스토텔레스는
플라톤과 어떻게 다른가

아리스토텔레스는 남성과 여성을 구별했다. 바로 이 점에서 스승인 플라톤과의 차이를 보인다. 플라톤은 성별에 의한 종적 차이란 없고, 여성도 남성과 마찬가지로 통치에 재능이 있으며 적절한 교육을 받는다면 통치자가 될 수 있다고 보았다. 반면 아리스토텔레스는 경험적으로 남성과 여성을 고찰했다. 아리스토텔레스는 관찰한 사실들, 그 시대에는 너무나도 당연했던 것들을 이론적으로 설명하고자 했다. 관찰 결과, 아리스토텔레스는 당시 남성과 여성이 종적으로는 동일하지만 역할과 기능이 다르다고 보았다. 역사적인 사실을 통해 알 수 있듯, 당시 여성들이 가정에서 가사를 책임지고 있었던 반면, 남성들은 정치에 관여하고 있었다.

〈아테네 학당〉, 산치오 라파엘로^{Sanzio Raffaello}

위 그림은 산치오 라파엘로의 〈아테네 학당Sanzio Raffaello〉이다. 그림에는 총 54인의 철학자, 천문학자, 수학자들이 표현되어 있다. 가운데 두 사람이 바로 플라톤과 아리스토텔레스이다. 플라톤은《티마이오스Timaeus》라 쓰인 책을 끼고 손가락으로 하늘을 가리키며 이상을 설명하고 있는 데 반해, 아리스토텔레스는《윤리학Eticha》이라는 책을 들고 땅을 가리키며 현실을 설명하고 있다.

앞서 보았듯이 플라톤은 이상 국가를 설계했다. 그것은 각자가 제 할 일을 하는 곳이며, 평등, 처자식의 공유가 실현된 정의로운 국가다. 아리스토텔레스는 이미 주어진 경험과 사실에 기반한 목적론적Teleology 세계관을 갖고 있었다. 존재하는 모든 것은 존재의 목적이 있다. 예를 들어 식물은 동물의 먹이가 되기 위해 존재하고, 동물은 인간의 먹이가 되기 위해 존재한다는 것이다. 인간도 마찬가지이다. 아리스토텔레스는 각 사람의 기능과 역할이 본성적으로 다르다고

〈아테네 학당〉 속 히파티아

보았다. 그렇기 때문에 각 성별에 따라 목적에 맞는 역할을 가지는 것이 자연스러운 일이었다.

앞의 그림에서 주목해야 할 것은 54인 중에 여성이 한 명 존재한다는 점이다. 그림의 왼쪽 중간쯤에서 또렷한 눈으로 우리를 바라보고 있는 이 여성은 알렉산드리아의 수학자이자 철학자 히파티아Hypatia이다. 히파티아는 약 기원후 370년경 알렉산드리아에서 태어났다. 저명한 수학자이자 철학자인 테온Theon은 딸인 히파티아의 천재성을 알아보고 직접 철학, 수학, 천문학 등의 다양한 학문을 가르쳤다. 당시 세계적인 학문의 중심지인 알렉산드리아에서 어릴 때부터 학문적 자극을 받은 히파티아는 뛰어난 철학자이자

수학자로서 명성을 얻게 된다.

히파티아는 전통적인 여성의 모습 대신 철학자의 모습, 망토를 걸치고 마차를 모는 모습으로 제국 안을 자유롭게 돌아다녔다. 그가 있는 곳이 바로 가장 확실한 지성의 중심지였다. 그의 성품은 공정함, 정직함, 용기로 집약된다. 왕자나 철학자들이 그에게 구혼할 때마다 "나는 진리와 결혼했다"라고 말한 일화는 유명하다. 당시의 히파티아는 자신을 여성이 아닌 철학자로 정의하며 모든 사람 앞에서 당당한 철학자로서 자신을 드러냈다.

하지만 철학자 히파티아의 마지막은 처절했다. 기원후 412년, 알렉산드리아의 대주교 키릴로스Cyril는 다른 종교를 배척하고 핍박했다. 키릴로스의 이러한 행동은 당시 알렉산드리아의 총독인 오레스테스Orestes와 정치적 갈등을 빚을 수밖에 없었다. 히파티아는 키릴로스와 오레스테스 사이 정치적 갈등의 희생양이었다. 키릴로스는 오레스테스와 가까운 데다 철학, 천문학 같은 이단의 과학을 전파하는 히파티아를 싫어했다. 키릴로스를 따르던 기독교 광신도들은 마차를 타고 집으로 돌아가던 히파티아를 끌어내리고 케사리움이라는 교회로 끌고 가 발가벗겼다. 뿐만 아니라 그를 날카로운 도자기 파편으로 찢어 죽인 후 불에 던져 태웠다. 그렇게 히파티아는 처절하게 죽음을 맞이했다.

히파티아보다 앞선 시대에도 정치적 갈등, 혹은 보복의 희생양으로 삶을 마무리한 유명한 철학자가 있었다. 바로 소크라테스이다. 소크라테스는 젊은이들을 타락시키고 신을 믿지 않는다는 이유로 재판에 회부됐으며, 배심원들에 의해 사형 판결을 받았다. 고대 아테네의 소크라테스도 히파티아와 마찬가지로 사람들을 찾아다니며 진리를 설파했으며, 소크라테스가 있는 곳이 바로 철학사가 쓰여지는 곳이었다.

하지만 소크라테스와 히파티아의 죽음에는 큰 차이점이 있다. 소크라테스는 자기가 받은 죄에 대하여 재판 과정을 통해 항변할 기회를 얻었다. 소크라테스는 자기 변론의 과정을 통해 많은 깨달음을 남겼다. 하지만 히파티아는 기회를 얻지 못했다. 또한 소크라테스는 제자들이 있는 곳에서 독약을 먹고 조용히 숨을 거뒀다. 반면 히파티아는 대낮에 마차에서 끌어내려져 사지가 찢기고 불에 타 죽었다. 그들의 마지막은 너무나도 다르다.

여성 철학자가 있었더라면

여성 철인왕의 가능성을 말한 플라톤은 당대의 여성에 대한 차별적인 시선을 있는 그대로 보여 준다. 아리스토텔레스 또한 마찬가지로 남성과 여성을 구분 짓고 이론화하며 시대를 벗어나지 못했다. 플라톤과 아리스토텔레스는 자유로운 여성을 경험하지 못했다. 만약 히파티아가 아리스토텔레스가 살았던 시대의 아카데미아와 리시움 학당에서 공부를 했다면 어떻게 됐을까? 아리스토텔레스가 자신들과 견줄 수 있는 여성 철학자를 만났다면?

로버트 메이휴Robert Mayhew 는 《The Female in Aristotle's Biology》에서 아리스토텔레스가 갈릴레오의 망원경을 가지고 있었다면 그가 주장한 우주론을 수정했을지도 모르는 것처럼 여성 철학자 혹은 과학자와 대화할 수 있었더라면 자신의 여성관을 수정했을 것이라고 평가한다.

비록 아리스토텔레스는 그 시대에 너무나도 당연했던 일들을 이론적으로 설명하고자 한 것이지만 결론적으로 그는 잘못된 관찰과 경험을 바탕으로 이론을 세웠다. 사상가는 그 시대에만 영향을 미치는 것이 아니다. 후대에도 계속해서 인간 정신에 큰 영향을 미친다. 마치 우리가 현재까지도 플라톤과 아리스토텔레스가 이뤄놓은 것들을 학습하고 그로부터 영향을 받는 것처럼 말이다.

플라톤에게 묻다

🎤 당시 평등을 주장한 이유는 무엇인가요?

📢 　이데아론을 바탕으로 대화를 이어 가는 것이 좋을 듯합니다. 현실에 존재하는 것은 이데아에 있는 것을 모방한 것입니다. 어떤 좋은 것을 알면 그것을 최대한 모방해 좋은 현실을 만들 수 있지 않겠습니까? 국가도 마찬가지입니다. 어떤 국가가 좋은 국가인지 안다면 우리는 그것을 모방할 수 있습니다. 저는 이와 같은 좋은 국가, 즉 이상 국가를 만들기 위해 세 가지의 파도를 넘어야 한다고 생각했고, 그중 첫 번째 파도가 바로 '평등'입니다. 평등은 인간을 성별로 구별하지 말고 성향과 능력에 맞게 쓰자는 것이지요.

🎤   플라톤이 주장한 평등은 여성 고유의 여성성을 제거한 방식이라는 비판에 대해 어떻게 생각하십니까? 여성의 정치적 주체화는 남성과의 동일화를 통해서만 가능한가요? 여성 그 자체로서 정치적 주체가 될 수는 없다고 생각하시는지요?

📢   앞서 말했듯 저는 생전 이상 국가의 원형을 탐구했습니다. 이상 국가란 생물학적 차이에 따른 차별을 받지 않는 곳이며, 통치자와 수호자 집단은 처자식을 포함한 재산을 공유하는 곳입니다. 이처럼 사적인 이익과 욕심은 최소한으로 남겨 두고 모두가 각자 제 할 일을 하면서 공익을 위해 살 수 있는 국가, 그것이 이상 국가입니다. 그래서 성별의 구별 없이 능력만을 보고 국가를 구성하는 것이 이상 국가의 모습입니다.

여러분이 살고 있는 시대는 제가 살던 시대와 크게 다르기 때문에 후에 저의 말이 이렇게 받아들여질 줄은 몰랐습니다. 여성을 남성과 동일화해야만 여성의 정치적 주체화가 가능해진다는 의미는 아니었습니다. 이상 국가에서는 성별 이전에 각자에게 주어진 역할과 능력에 따라 구분되기 때문에 그 자체로서 정치적 주체가 될 수 있다고 생각합니다.

아리스토텔레스에게 묻다

🎤 생물학적 차이를 제외하면 남성과 여성은 똑같
다는 플라톤의 주장에 대해 어떻게 생각하시나요?

📢 저는 목적론적 세계관을 가지고 있습
니다. 이를 간단히 설명하자면, 존재하는 모
든 것에는 존재의 목적이 있다는 것입니다.
이를 바탕으로 저는 남성과 여성의 역할이 다
르며, 각각 다른 역할에 쓰이는 것이 자연의
본성을 따르는 것이라고 생각합니다. 하지만
이것은 제가 살던 시대를 관찰한 결과입니다.
제가 살던 시대의 아테네에서는 여성은 가사
를 책임지고, 남성은 정치에 관여했습니다.
따라서 남성과 여성의 사회적 역할과 기능을
구별했지요. 저는 스승님과는 다른 관점을 가
지고 있습니다. 남성과 여성은 본성적으로 혹
은 자연적으로 역할과 기능이 다릅니다.

🎤 "인간은 정치적 동물이다"라는 말씀을 하신
적이 있습니다. 그렇다면 정치에 참여하지 못하는
인간, 즉 여성은 인간이 아니라는 말씀이신가요?

📢 저는 폴리스의 가장 기초 집단인
가정을 경험적으로 살펴봤습니다. 앞서 말
했듯 남성과 여성은 본성적으로 역할과 기
능이 다릅니다. 가정 내에서도 마찬가지입
니다. 제가 살던 시대에는 남성 가장이 여
성과 아이, 노예를 다스렸습니다. 자연은
여성이 남편의 지배를 받도록 했습니다. 폴
리스는 정치적으로 통치되어야 합니다. 따
라서 본성적으로 자율적이지 못한, 즉 자치
의 능력이 없는 여성에게 정치적 권리를 부
여하는 것은 본성에 어긋난다고 생각한 것
입니다. 시대에 비추어 봤을 때 폴리스라는
단위의 정치에 참여할 수 있는 자격과 능력
을 갖춘 자유 시민은 올바른 교육을 받고
이성적이고 자율적인 남성이었습니다.

세상을 진전시키려 노력했지만 크게 벗

어나지 못하고 누군가에게 상처를 주었다는 생각이 듭니다. 우리의 지적 연구를 부디 좋은 방향으로 이끌어 주시길 바랍니다. 해석과 적용은 남겨진 사람들의 몫이니까요.

근대

근대적 인간에서
배제된 여성

여성 배제와
여성 혐오의 정당화

송
샘

철학자의 삶과
사상이 불일치할 때

장 자크 루소Jean Jacques Rousseau는 홀아버지 손에 자라다가 기숙 학교에 들어간 이후에는 외삼촌 손에서 자랐다. 이후 동판공의 제자로 지내기도 했는데 루소는 이 시절을 감옥에 수감된 죄수로 묘사한다. 이러한 죄수 생활에서 벗어난 것은 바랑 부인Madame de Warens이라는 후원자 덕분이었다. 그는 바랑 부인의 후원 덕분에 16살에 신학교에 입학하지만 곧 신학 공부를 포기하고 음악을 공부하며 음악가로 활동했다.

루소의 10대와 20대에 바랑 부인이 미친 영향은 매우 크고 독특

하다. 그들은 후원자로 만났지만 루소가 20대가 되자 유사 모자 관계를 청산하고 연인 관계로 발전한다. 출생 직후 어머니를 잃은 루소에게 바랑 부인은 어머니 같은 존재였다. 하지만 이를 고려하더라도 둘을 일반적인 연인 관계라고 보기는 어려운 일이다.

바랑 부인과의 연인 관계가 끝난 후 그는 여러 귀족 부인들과 연애하며 지냈지만, 의외로 결혼은 귀족 부인이 아닌 세탁부 하녀와 했다. 1745년 루소는 오랫동안 동거하던 세탁부 하녀인 마리 테레즈 르 바쉬에르Marie-Thérèse Levasseur와 결혼했다. 아내였던 마리 테레즈는 지적 능력이 떨어지고 지나치게 순진한 사람이었다.

루소는《에밀Emile ou de l'education》에서 제 아내의 순수함에 대해 긍정적으로 묘사한다. 하지만 루소에게 마리 테레즈는 집안일을 하는 사람, 성적 대상에 불과했다. 이를 고려하면 루소가 자신의 비윤리적 행위에 대한 기만 내지 변명을 위해《에밀》에서 아내를 언급한 것이 아닌가 하는 생각마저 든다.

루소는 마리 테레즈가 낳은 아이들을 모두 고아원에 보내고 저술 활동을 이어갔다. 그의 사상과 철학을 사랑하는 학자들은 당시 프랑스에서는 고아원에 아이를 버리는 경우가 드물지 않았다고 강조한다. 심지어 어떤 학자는 루소가 아이들을 고아원에 보냈기 때문에 그의 저작이 세상에 나올 수 있었다고 표현하기까지 한다. 지적 능력이 부족한 아내에게 양육을 전담시킬 수 없을 뿐더러 자녀가 많으면 저술에 집중하지 못했을 것이라는 논리이다. 루소 연구자들은 애초에 제대로 가정을 꾸리고 책임질 의사가 없었음에도 결혼한 루소를 비판하기보다는 그가 남긴 저작의 가치에만 집중한다.

그럼에도 반박할 수 없는 진실은 프랑스 혁명에 사상적 기초를 제공하여 '혁명의 아버지'라 불리는 루소가 자신이 낳은 아이 5명을 모두 고아원에 버린 매정한 사람이었다는 것이다.

어머니, 아내, 그리고 연인으로서의 여성, 《신엘로이즈》

일반적이지 못한 연애와 결혼 생활에서 오는 좌절 때문인지 루소는 1761년 연애 소설 《신엘로이즈Julie, Ou La Nouvelle Helois》를 출간했다. 이 소설은 프랑스와 영국에서 베스트셀러가 되었다. 1761년부터 1800년 사이에 72판본 이상 간행될 정도로 프랑스와 영국에서 큰 인기를 누렸다.

신엘로이즈에서 쥘리는 가정 교사인 생프뢰와 사랑에 빠지지만 아버지의 반대를 겪는다. 쫓겨난 생프뢰는 만나주지 않으면 자살하겠다며 협박하고, 쥘리는 그의 아이를 가졌지만 아버지의 폭력으로 인해 유산하며, 이 과정에서 어머니를 잃고 아버지의 바람대로 볼마르와 결혼한다. 볼마르는 쥘리를 시험해 보기 위해 생프뢰를 아이들의 가정 교사로 부른다. 쥘리는 어머니로서, 아내로서의 자리를 지키기 위해 생프뢰의 마음을 거절한다.

이렇게까지 했음에도 불구하고 쥘리는 물에 빠진 아들을 구한 뒤 폐렴으로 사망한다. 그는 죽기 직전에야 일생동안 생프뢰를 사랑해왔음을 고백한다.

이 소설은 자신에게 진실한 사랑의 경험이 없음을 깨달은 루소가 자신을 생프뢰에 이입해 쓴 것이다. 루소는 쥘리에게 본인 기준의 정조 개념을 요구하면서도 생프뢰를 진정으로 사랑하기를 기대하는 모순적인 태도를 보인다. 심지어 생프뢰는 가련한 주인공 쥘리가 죽은 뒤 새로운 여성과 또 다시 사랑에 빠지며 소설 속에서 끊임없이 사랑 받는 대상으로 남는다. 쥘리와 생프뢰의 삶을 보면 루소의 여성관과 남성으로서의 욕망 등을 발견할 수 있다.

루소는 소설 속 쥘리에게 어머니이자 아내로서의 덕목을 강요하고, 동시에 비극적인 러브스토리를 활용하여 연인 역할 역시 요구한다. 그리고 이 과정을 통해 자신의 욕망을 실현한다. 이 소설에서 가장 고통 받은 사람은 쥘리이다. 생프뢰는 죽지도 않고, 지위나 재산도 상실하지 않았으며, 사회적 평판에 대해서도 자유로웠다. 게다가 마지막에는 새로운 사랑까지 얻었다! 생프뢰와 자신을 동일시하는 루소에게 《신엘로이즈》는 자신의 이기적이고 모순적인 욕망을 실현하는 도구였다. 요즘 드라마로 나온다면 여성 혐오에 기반한 막장 드라마라는 평가를 피할 수 없을 것이다.

《불평등기원론》을 통해 본
성차별의 기원

　　　　　　　　루소가 추론한 최초의 '자연 상태', 즉 가족이 등장하기 전의 초기 단계에서 자연인 남녀는 모두 독립적이고 자유로웠다. 심지어 루소는 남녀의 육체 능력 역시 차이가 없었을 것이라고 가정한다. 이 단계의 자연인은 유사 인간Sub-human에 가깝다. 인간은 진화 과정을 통해 남성과 여성 모두 대등한 수준의 '사나움과 강건함Ferociousness and vigor'을 획득한 상태이다.

이 시기에는 여성이 남성의 강압적인 힘을 물리칠 수 있었기 때문에 서로 자유롭게 만났고, 기회가 주어진다 하더라도 각자에게 성적 욕망이 없다면 성적 결합으로 이어지지 않았다. 자연스러운 성적 욕망 해소는 남성과 여성에게 다른 영향을 미쳤는데 여성은 임신과 출산 그리고 육아를 맡게 되지만, 남성은 여전히 독립적으로 생존할 수 있었다. 여성은 이후 아이들이 자신의 힘으로 독립하면 다시 독립적인 존재로 돌아갈 수 있었다. 그래서 루소는 자연 상태에서는 임신의 횟수가 적었고 이는 생존에 용이했으며, 아이가 빨리 독립하기 때문에 집과 가족이 없는 상태에서 양성은 모두 독립된 개체로 비슷한 삶의 방식을 누린다고 보았다.

하지만 성적 욕망은 인간을 다른 성으로 향하게 만들며, 욕망의 달성은 협력 없이 이루어질 수 없다. 인간이 가지고 있는 섹슈얼리티Sexuality는 타인을 갈망하여 사귀게 만드는 본성이다. 이렇듯 섹슈얼리티는 자의식과 사회성의 원천이다. 남녀의 결합이 '일시적 사회'를 이루고, 모자母子의 사회는 일시적 사회보다는 조금 더 긴 '임시 사회'를 만든다. 이러한 루소의 시각은 남녀의 육체적 차이를 강조하는 기존의 주장에 비하면 혁명적인 것이었다. 그래서 양성이 모두 독립적인 자연 상태에 대해 많은 현대의 여성주의자들이 동의하고 동경한다. 하지만 루소는 이 단계에 있는 동물적 인간에게는 사랑이나 도덕적 인간으로서의 인간다움이 없기 때문에 지향 모델이 될 수 없다고 보았다.

만들어진 여성성

불평등을 용인하는 도덕적 인간?

원시 자연 상태에서는 모두가 독립적인 존재이므로 평등하게 생활할 수 있었다. 하지만 초기 자연 상태에서 가족이 만들어지는 황금시대로 이행하며 평등한 상황은 변화를 겪는다. 가족생활이 시작되면서 여성은 출산과 육아를 담당하고 남성은 가족 보호와 생계를 맡는 등 성性의 성격이 분화되었다. 루소는 이 과정을 인류 진화와 함께 나타난 '성의 성격Nature of sex 진화 과정'으로 본다. 이에 따르면 여성은 의존적으로 변화하고 남성은 가족을 지키기 위해 더욱 독립적이 된다.

황금시대의 진화는 인간에게 감정이 생기며 진행된다. 집의 발명이 이에 영향을 미쳤는데, 남녀가 집에서 함께 지내면서 육체적 성에 대한 욕구가 점차 도덕적 감정인 사랑으로 진화했다. 가족으로 같이 사는 습관을 가지게 되면서 부부애Conjugal love와 부성애Paternal love 가 생성된다. 집의 발명이 가족의 발달을 가져왔고, 이것이 남성과 여성의 성적 분화, 분업 과정을 야기했다.

이 과정에서 여성들의 활동 영역은 집안으로 바뀌고 이전보다 활동성이 적어지며, 과거 가지고 있던 '사나움과 강건함'의 특성을 상실한다. 그리고 남성과 여성은 상호 의존적인 관계로 변화한다. 루소는 이러한 상호 의존적 관계에 대해 남성은 욕망에 의해 여성에게 의존하고, 여성은 욕망과 필요에 의해 남성에게 의존하고 있다고 설명한다. 이는 여성이 남성보다 더 의존적인 상태에 놓여 있음을 보여 준다. 인간이 루소의 추론대로 진화했다면 성차별과 성 능력 차이의 기원은 가족생활에서 비롯된 것이라 할 수 있다.

여성주의자 수잔 오킨Susan Moller Okin은 루소가 남성성을 독립성으로, 여성성은 의존성으로 규정하고 있음을 지적한다. 남성을 무한한 가능성의 측면에서 범주화한 데 비해 여성은 재생산(출산)의 역할에 한정하여 여기고 있다는 것이다. 그리고 이런 루소의 시각이 남성성인 독립성은 가족이 존재하지 않는 초기 자연 상태에서 찾고, 의존적인 여성성은 후기 자연 상태인 황금시대에서 찾는다는 점에서 비일관적이고 모순적이라고 비판한다.

전통적인 가부장제와 근대의 정치학자 모두 '자연'이라는 개념에서 논리를 전개한다. 근대에 논의되는 자연이란 학자들에 의해 '발견되고 만들어진 자연'이다. 순수하게 가상적이며, 동시에 적절한 최초의 원래 상태Status quo이다.

가부장제는 아버지의 권한을 자연적 권위Natural authority에서 찾는다. 부모 중 남성인 아버지에게만 권한이 주어졌고 이는 자연적이라는 주장이다. 마치 왕에게 통치의 권한이 자연적으로 주어졌다는 '왕권신수설'을 떠오르게 하는 논리 구조이다. 하지만 가부장제 역시 자의적 해석에 기반한다. 인간의 본성, 남성과 여성의 본성에 대해 시대의 시각으로 해석하면서 자연의 이름을 빌리고 있다. 결국 자연, 즉 본성이란 모두 해석적인 성격을 지닌다.

그리고 자연적인 것이 타당한 것이라는 논리는 자연이 가지고 있을 폭력적 성격을 정당화시킨다는 문제를 갖는다. 게다가 자연적인 것은 이미 해석적 성격을 가지고 있기 때문에 인위적이다. 따라서 자연적인 것이 타당하다는 논리는 모순이다.

가부장제와 근대 정치학자의 '자연 상태'에 대한 개념은 정당화의 문제와 인위적 해석을 '본성'이라고 주장하는 모순적인 논리를 바탕으로 성차별을 당연시하게 한다는 점에서 유사하다.

여성은 근대적 인간에 포함되는가

《에밀》은 인간의 본성과 교육에 대한 주제를 다루고 있다. 이 책은 여성인 소피와 남성인 에밀을 등장시켜 성별에 따라 다른 교육이 이루어져야 함을 강조한다. 교육을 통해 여성을 '여성답게' 길러내고 남성을 '남성답게' 키워내야 한다는 루소의 주장을 고려하면, 그가 키워내고자 하는 '근대적 인간상'에 여성이 포함되지 않음을 확인할 수 있다.

루소가 말하는 근대적 인간이란 근대적 남성을 의미한다. 즉 근대적 인간에 여성은 포함되지 않는다. 그는 여성이 태생적으로 열등하기 때문에 교육을 통해 남성에게 의존하는 존재로 길러져야 한다고 주장한다. 이런 주장으로는 여성의 본질이 태생적인 것인가, 만들어지는 것인가에 대한 고민조차 진행하기 어렵다.

놀랍게도 루소는 수많은 저작 중 《에밀》을 가장 위대한 작품이라고 자평했다. 자신의 가치관과 사상을 이 책에 집대성했다고 밝힌 것이다. 이를 고려하면 《에밀》이 루소의 여성관을 가장 극명하게 보여주는 저작임을 인정하는 것이라고 봐도 무방하다.

루소를 옹호하는 학자들은 문명사회에서 남녀 간 상호 의존 관계가 붕괴하면서 여성이 남성을 지배하는 경향이 심화되고 있다고 인식한 루소가 이러한 변화에 두려움을 느꼈다고 본다. 이로 인해 여성이 남성을 지배하지 못하도록 교육하고자 《에밀》을 저술했다는 것이다.

여기서 말하는 여성이 남성을 지배하는 경향이라는 것은 정념에 휩싸인 남성을 여성이 성적으로 지배한다는 것을 의미한다. 그러나 이 자체가 남성 중심적인 사고이다. 첫째, 성욕은 남성에게만 있는 것이 아니다. 둘째, 실제로 여성이 성적 욕구를 이유로 남성을 지배하고 있는지 입증하는 과정이 없다.

루소는 남성의 시각으로 여성이 남성의 정념을 지배한다고 주장했지만 사회 전반의 권력과 자본은 여전히 남성이 차지하고 있었다. 이러한 상황에 단순히 확인도 되지 않고 입증할 수도 없는 정념의 논리를 바탕으로 여성이 남성을 지배한다고 보는 것이 과연 타당한가. 양성의 근본적인 차이의 기준을 섹슈얼리티—성욕 혹은 정념—에 두고 있다는 점에서 루소가 일생을 정념에 휩싸여 보낸 것이 아닌가 하는 의심마저 생긴다.

시대정신

루소는 불평등의 기원을 밝히며 평등을

제도화하는 데 기여했다. 루소의 사상 덕분에 근대적 인간은 드디어 시민이 될 수 있었고 집단 속의 개인으로 발견될 수 있었다. 하지만 루소가 제안한 근대적 인간에 여전히 여성은 존재하지 않는다.

그의 삶은 성차별적 여성관과 일치한다. 삶이 사상에 반영되어 있고, 사상은 그의 삶을 변명하고 있다. 자연의 법칙상, 육체적 성의 법칙상 여성이 능동적이지 못하고 주체적이지 못하다는 루소의 주장에는 독립적이고 지성을 갖춘 여성과 제대로 된 교감을 경험해 본 적 없는 개인사가 반영되어 있다. 루소는 자신의 청소년기를 후원해 준 어머니뻘의 바랑 부인과 연애하고, 오직 귀족 부인들과 관계를 맺어왔다. 이후에는 온전한 대화조차 통하지 않는 여성과 결혼하여 자녀를 모두 고아원에 버리는 등 책임감 있는 관계를 경험하지 못했다. 가정이나 사회에서 여성을 온전한 대화와 관계의 상대로 접해본 적 없기 때문에 여성은 능동적이지 못하고 주체적이지 못하다는 편견을 가지고 자신의 논리를 전개한 것이다.

루소의 저작물에서 보이는 여성은 항상 피동적인 존재이다. 그의 말에 따르면 자연적으로, 신체적으로 주체적이지 못한 여성에게는 이에 맞는 교육법이 필요하고(《에밀》), 진화 과정에서 성별의 권력 구조가 불평등하게 형성될 수밖에 없었으나 이는 자연스러운 일이다(《불평등기원론》). 여성은 남성을 정념에 휩싸이게 만드는 존재이기 때문에 더욱 정조 관념이 필요하며, 이를 지키는 여성은 숭고하고 사랑스러운 존재로 남는다(《신엘로이즈》).

근대가 개인을 발견한 시기라면 우리 시대는 성별에서 개인을 발견해 내야 한다.

개인은 성별에 의해 규정되는 것이 아니라 개인의 고유한 특성에 따라 각기 다른 성격을 갖는다. 하지만 사회 속 개인은 자신이 처한 환경의 영향을 받는다. 사회가 성별에 따라 요구하는 특성은 다르며, 이에 따라 사회화 과정이 진행된다. 여성성, 남성성은 만들어진 것이고, 우리의 시대정신은 이러한 구분 자체가 강요라는 점을 깨닫는 것에서 출발한다.

밀은 어떻게 여성 참정권을
지지하게 되었는가

송
샘

여성 참정권 운동의 동료

1928년 영국이 21세 이상의 모든 성인에게 투표권을 인정하면서 이전까지는 선거권이 없었던 21~29세의 여성도 남성과 동등한 참정권을 가지게 되었다. 1928년부터 영국에서는 연령 이외의 자격 조건을 두지 않고 국민 모두에게 선거권이 주어지는 보통 선거Universal suffrage가 시작되었다. 이날, 런던 템즈 강변에 있는 존 스튜어트 밀John Stuart Mill의 동상에는 꽃이 놓였다.

철저한 자유주의자였던 밀은 자유주의의 이상을 여성에게도 적용했다. 자유주의를 지향하면서도 인류의 반인 여성이 성별을 이유로 자유를 누리지 못하는 상황에 침묵했던 당대의 다른 철학자들과는 달랐다.

밀은 저술 활동을 통해서만 여성의 정치적 권리에 대한 지지 의사를 밝힌 것이 아니라 적극적으로 선거법 개정을 시도했다. 그리고 의붓딸인 헬렌Hellen Taylor과 함께 여성 참정권 연합을 발족하여 의회 연설과 대중 연설에 앞장섰다. 헬렌은 밀의 아내인 해리엇Harriet Taylor이 전남편인 존 테일러John Taylor와 낳은 딸로, 해리엇이 세상을 떠난 이후에도 밀과 함께 여성 참정권 운동에 적극적으로 참여했다.

1860년대부터 영국에서는 여성 참정권에 대한 요구가 있었다. 1867년 당시 하원 의원이었던 밀은 2차 선거법 개정안에 '남성(man)'이라는 단어 대신에 '사람(person)'이라는 단어를 사용하자고 제안했다. 선거법이 선거권자를 남성으로 규정하고 있어 여성의 참정권이 완전히 배제되었기 때문이다. 하지만 개정안은 받아들여지지 않았고 1868년 의회가 해산된 뒤에 치러진 재선에서 밀은 낙선한다.

여성 참정권을 주장한 밀은 여러 사람들에게 조롱의 대상이 되었다. 그래서 밀이 여성 옷을 입고 있는 모습을 그린다거나 '밀의 논리인가 아니면 여성을 위한 프랜차이즈인가Mill's Logic? or Franchise for Female', 라는 기사 제목으로 밀의 주장을 조롱하기도 했다.

〈Mill's logic: or, franchise for females〉

참정권이 곧
여성 문제의 해결

여성에게도 동등한 참정권을 부여하자는 밀의 주장은 일부 여성에게만 받아들여졌다. 밀은 그의 저서《여성의 종속The Subjection of Women》에서 여성 스스로 여성 참정권을 부정하는 상황에 대해 설명한다. 종속 상태에 놓인 경우 이 상황을 인지하기 어려우며 상황으로부터 해방될 수 있다는 가능성을 생각조차 할 수 없도록 양육된다는 것이다.

심지어 여성 운동권 내부도 참정권보다 더 중요한 여성의 다른 문제에 집중해야 한다는 의견으로 나뉘었다. 밀은 나이팅게일Florence Nightingale에게도 참정권 캠페인에 동참해 달라는 편지를 보냈지만, 나이팅게일은 투표권보다 시급한 문제가 많다는 의견을 보내왔다. 이에 대해 당시 여성 운동계 내부에 다양한 시각과 의견이 존재했는데 밀이 여성 참정권이라는 단일 목표에 집중하느라 다양한 목소리에 귀 기울이지 못했다는 지적도 있다.

하지만 밀은 여성의 참정권을 인정하는 것이야말로 개인이 시민으로서 자유를 누릴 수 있는 정의로움이라고 생각했다. 밀은 《여성의 종속》에서 공화주의 원리를 제시하면서, 투표란 권리이기에 앞서 정의라고 보았다. 여성이 입법자를 선출할 권리를 가져야 법령 개정을 통해 여성이 처한 문제를 보다 근본적으로 해결할 수 있다고 생각한 것이다. 이러한 생각은 선거법 개정안을 제출한 1867년으로부터 61년이 흐른 후에야 비로소 실현되었다.

최초의 남성
페미니스트

밀과 사상가들

존 스튜어트 밀은 제임스 밀James Mill의 장
남으로 1806년 영국 런던에서 태어났다. 제임스 밀은 제러미 벤담
Jeremy Bentham과 함께 사상사思想史, 사상이 발생하고 변천한 역사에서 중요하게 다루
는 공리주의 철학자이다.

밀은 자연히 당대 가장 똑똑한 이들에게 둘러싸여 자랐다. 그가
성장한 시기는 중세에 단절되었던 사상사가 다시 고대와 연결되고,
그동안 억압받았던 인간의 이성이 폭발하는 시대였다. 당시의 시대
정신은 인간 이성 그 자체였다. 밀은 근대 학문의 기틀을 마련한 이
들과 직접 지적 교류를 하며 시대의 한 축을 세웠다.

아버지에게 양육되던 유년기를 지나 소년기에는 아버지 지인인 대사상가들의 영향을 받아 도덕적 관념을 정립한다. 여기서 아버지 지인들이란 우리가 익히 아는 데이비드 흄David Hume, 제러미 벤담, 경제학자 데이비드 리카도David Ricardo 등이다. 밀은 성장하며 교류의 범위를 더욱 넓혀나간다. 가깝게 지낸 벤담 부부도 밀에게 영향을 미쳤다. 사뮈엘 벤담Samuel Bentham의 아내는 유명한 화학자 포다이스 박사Dr. Fordyce의 딸로 그 역시 엄청난 지성을 보여주었으며, 그들이 가지고 있던 여성 작가들의 소설은 문학 분야에서 여성의 영향력을 확인시켜 주었다. 밀은 프랑스에 거주하며 경제학자 장 바티스트 세Jean-Baptiste Say와 교류했고, 이를 통해 대륙의 자유주의에 눈을 뜬다.

특정 성별이나 국가에 국한되지 않은 다양한 인물과의 교류, 다른 지역에서의 경험이 그의 지식과 사고의 개방성에 영향을 미쳤다. 이러한 배경에서의 성장은 밀에게 있어 개개인의 다름이 차별과 종속의 이유가 될 수 없다는 깨달음을 주었다. 지적인 여성들과 학문적 교류를 하고 여성이 쓴 글을 읽으며 성장한 밀에게 성별에 의한 우열 논쟁은 어리석은 것 혹은 이기적인 주장으로 받아들여졌다.

평생의 동반자, 해리엇

　　밀은 《자서전》에서 인생에 보람을 느끼지 못했던 시기를 회고한다. 그가 스스로 정신사의 위기로 명명한 시기 중 1830년, 생애 가장 귀중한 인연을 만나게 된다. 정신사에 위기가 올 정도로 공허함을 느끼고 있던 당시의 밀에게 해리엇은 지성과 감성을 함께 교류할 수 있는 존경하는 벗이었다.

　　밀은 훗날 자신의 배우자가 될 해리엇과의 우정에 대해 '모든 것의 대부분의 원천이자, 생애의 영광, 으뜸가는 축복'으로 묘사한다. 밀이 25살이던 1830년, 해리엇은 23살이었고 이미 존 테일러의 아내였다. 밀은 해리엇을 만난 지 얼마 되지 않아 이제까지 만난 사람 가운데 가장 존경할 만한 사람이라고 느꼈다. 그들은 20년 동안 우정을 나누고 존 테일러가 죽은 지 2년이 지난 1851년 결혼한다. 밀의 가족들이 심하게 반대했지만 결혼 이후 밀은 가족과 관계를 끊었다.

해리엇과 밀

밀과 해리엇은 지적 교류를 바탕으로 한 평생의 동반자 관계였다. 결혼 이전부터 밀과 해리엇은 지적 교류를 통해 공동 저술 활동을 해왔으며 1848년 《정치경제학 원리Principles of political Economy》를 출간했다. 결혼 이후에는 본격적인 공동 작업을 진행한다. 해리엇에 대한 밀의 묘사를 보면 그의 통찰력과 지성에 대한 존경을 엿볼 수 있다. 이러한 점을 고려하면 밀은 지적 능력에 매력을 느끼는 사피오섹슈얼Sapiosexsual의 특성을 가지고 있었던 것으로 보인다. '이해하다'라는 뜻의 라틴어인 사피오(sapio)에서 유래한 이 용어는 2010년대에 등장한 신조어이지만 해리엇을 향한 밀의 사랑을 설명하기에 가장 적절한 단어이다.

밀과 해리엇의 사상적 교류와 토론이 집대성된 책이 바로 《자유론》이다. 이 책은 해리엇이 죽은 다음 해인 1859년에 출간되었는데, 밀은 해리엇의 감수를 받지 못했다는 사실에 안타까워하며 《자유론》에 이러한 마음을 담았다. 해리엇이 죽은 이후 밀은 그가 묻혀 있는 아비뇽에서 딸 헬렌과 1년을 함께 살았다. 이후 과거 해리엇과 함께 나눴던 여성과 시대, 역사에 대한 통찰을 바탕으로 《여성의 종속The Subjection of Woman》을 세상에 내놓았다.

하지만 《자유론》도 《여성의 종속》도 모두 해리엇의 이름 없이 밀의 이름으로만 남아 있다. 책에 담겨진 사상이 얼마나 진보적인지, 성평등적인지 만큼이나 함께 썼던 저자의 이름이 남았는지의 여부 역시 중요하다. 더구나 여성이라는 이유로 기록되지 못한 학자가 얼마나 많은지 알고 있던 밀이라면 이 부분에 있어서 특히나 주의했어야 한다. 또 해리엇이 이미 세상을 떠난 뒤였다고 하더라도 그와 토론하며 생각을 정리했다면 해리엇의 이름도 온전히 기록되어 있어야 한다.

지워진 어머니

밀이 뛰어난 지성인에게 매력을 느끼게 된 것은 세계 지성사를 채우는 학자들과 직접 교류하며 성장한 그의 교육 배경에서 비롯된 것이기도 하지만 어머니의 영향이라고 분석하는 시각도 존재한다. 자유주의 페미니즘을 열어 최초의 남성 페미니스트라고 불리는 밀이 정작 자신의 어머니에 대해 침묵한 이유는 어머니의 지성이 밀의 기대에 차지 않았기 때문이라는 시각이 바로 그것이다.

밀의 아버지는 아름다운 10살 연하의 아내와 지적인 대화가 불가능하자 노골적으로 아내를 경멸했다. 밀의 어머니는 남편의 말에 철저히 순종하며, 지적 행위가 아닌 육아와 가사만을 담당했다. 이성과 계몽의 시대에 수많은 지적 근대인과 교류하며 성장한 어린 밀의 눈에 지적이지 못한 어머니가 어떻게 비쳤을지, 그에 대한 결핍이 해리엇을 향해 어떤 애정으로 표출되었을지 유추할 수 있다.

밀의 인생에 있어 가장 중요한 두 여인 중 한 명은 그 시절 극히 평범한 여성으로 교육의 기회를 제대로 가져 보지도 못했다. 반면 평생의 동반자는 시대의 지성인이었다. 두 명의 극단적 사례를 통해 밀은 종속적인 여성의 삶을 통찰하기 시작한다. 밀은 《여성의 종속》에서 어머니를 직접 언급하지는 않았지만, 교육의 기회를 제공받지 못하고 남성의 요구와 사회의 기대대로 길러진 여성에 대해 수없이 언급하면서 이에 대한 불합리함을 지적하는 것으로 어머니의 이야기를 대신하고 있다.

러브스토리로 박제된 뮤즈들

예술과 문학, 지성사에는 예술가와 학자, 문학가들 사이에서 지적 동반자로서 의견을 교류하는 협력 관계가 많이 발견된다. 남성들은 이러한 의견 교류 과정에서 자신의 이름을 잃지 않았다. 하지만 이 관계가 남녀, 특히 연인이나 부부 관계에서 비롯된 경우, 대부분 여성의 이름은 잊히고 그는 뮤즈로 박제된다.

사상가, 작가, 예술가로 활동하며 자신의 삶을 살았던 여성들은 이름을 잃고 남성에게 예술적, 지적 영감을 불어넣어 주는 여신 혹은 연인으로만 기억되곤 한다. 대표적인 사례가 프랑수아 오귀스트 르네 로댕François Auguste René Rodin과 카미유 클로델Camille Claudel의 관계이다. 두 명 모두 조각가로서 작품 활동에 집중했고 공동으로 〈칼레의 시민들Die Bürger von Calais〉, 〈입맞춤Le Baiser〉, 〈지옥의 문La Porte de l'Enfer〉 등을 작업했지만 카미유 클로델의 이름은 지워지고 로댕의 이름만이 남

〈칼레의 시민들〉

〈입맞춤〉

〈지옥의 문〉

아 있다.

근대에 살았지만 사상으로는 현대의 어디쯤에 서 있던 존 스튜어트 밀도 이 점에 있어 한계를 가지고 있다. 엄격한 연구 윤리를 요구받는 요즘, 아이디어를 제공해 준 사람도 논문에 표기하는 것을 원칙으로 한다. 하지만 밀이 자서전에서도 밝혔듯《자유론》을 해리엇과 함께 저술했음에도 불구하고 여전히 해리엇의 이름은 지워진 채 밀의《자유론》으로만 기억되고 있다.

밀이 그토록 여성의 종속을 안타까워하고 해리엇의 지성과 사상을 찬양했지만 밀의 연구 동료인 해리엇의 이름을 기억하는 이는 많지 않다. 해리엇은 최초의 남성 페미니스트를 만들고, 그와 일생의 사랑을 한 여인으로 기억될 뿐이다.

밀이 말한 것처럼 누가 붓을 들었는지 대수롭지 않을 정도로 많은 부분을 함께 저술하고 사상 면에서 해리엇이 더 많은 공헌을 했다면 그의 이름도 함께 남아야 한다. 붓을 누가 들었는지 만큼이나 누구의 이름이 남는가 역시 중요한 일이다.

종속의 기원

●
송
샘

《여성의 종속》 다시 읽기

《여성의 종속》은 여성이 남성에게 어떻게 종속되었는지 고찰하며 시작된다. 남성이 여성을 지배하는 제도는 사회 구성원의 충분한 논의를 바탕으로 진행된 것이 아니다. 인류의 여명기에 여성은 남성에 비해 육체적인 힘이 부족했고, 생존을 위해 남성에 의존할 수 밖에 없었다. 이 과정에서 여성은 남성의 기대를 충족시키려 애썼고 이는 모든 여성이 일부 남성에 종속되는 결과를 만들었다.

강자의 법칙이 통용되려면 사회 전체를 위한 공익이라는 명분이 필요한데 여성의 종속은 사회 전체의 이익이 아니라 남성만의 이익을 위해 형성되었다. 19세기 당시에는 노예 제도조차 계약제로 전환되고 있었는데 여성의 종속 문제는 여전히 변화가 없었다.

밀은 남성의 지배가 어떠한 정당성도 가지지 못했지만 다른 어떤 지배 체제보다도 오랫동안 지속되었다고 본다. 종속을 지속하기 위해 의도적으로 여성은 교육에서 배제되었다. 남성들은 여성이 경쟁력을 갖추게 되면 가정이 아닌 다른 일을 선택할 것이라는 두려움 때문에 여성에게 가정을 강요했다.

힘의 논리와 자연성에서
종속의 논리를 찾다

남성 지배를 지지하는 사람들은 강자가 약자를 지배하는 것이 당연하며 자연스러운 일임을 강조한다. 이에 대해 밀은 권력자의 입장에서 자연스럽지 않은 지배가 어디 있겠냐고 반박한다. 절대 왕권도 이것이 자연의 섭리에 맞는 유일한 정부 형태라고 주장했고, 가부장제 역시 동일한 논리를 가지고 있다.

하지만 자연스럽다는 개념은 문화마다 다르며, 자연스럽게 여기는 감정마저 관습의 영향을 받는다. 여왕의 지배를 경험한 영국이나 아마조네스, 스파르타에서 여성 통치자, 즉 강한 여성은 자연스러운 것이었지만 다른 사회에서는 이를 부자연스럽게 여긴다. 밀은 이러한 사례를 들어 문화권마다, 지역마다 달라질 수 있는 '자연스럽다'는 개념으로 종속을 정당화할 수 없음을 설명했다.

그리고 밀은 여성의 종속이 다른 종속과는 다르다고 생각했다. 이 차이점은 남성이 여성의 복종 그 자체에 만족하지 못하고 여성의 마음까지 지배하고 싶어 하는 데에 기인한다. 즉 남성은 여성이 자발적인 노예가 되어주길 바라고 있으며, 이를 위해 교육을 활용한다는 것이다. 여성은 교육을 통해 남성이 기대하고 원하는 여성으로 길러지며 가족 안에서 희생하는 것을 훌륭한 덕목으로 배운다. 이렇듯 여성은 인간의 기본적인 욕구인 사회적 야망 자체를 갖지 못하도록 길러졌다.

이렇게 이어지는 집중적인 세뇌 때문에 대다수의 여성은 종속에서 해방되기 위한 운동에 적극적으로 참여하지 못했다. 여성이 생계를 철저하게 남편, 즉 남성에게 의존하고 있다는 점도 적극적인 해방 운동을 저지한다. 이를 두고 밀은 속박 받는 계급치고 한 번에 완전한 해방을 요구한 적이 없다고 말한다. 이는 혁명이라는 역사적 경험에 기반한 그의 통찰력을 보여 준다.

한편 밀은 여성 해방의 주체가 여성 자신이어야 한다는 점도 강조한다.

"사회의 진보는 불평등한 권리 구조를 옹호하는 데 있는 것이 아니라 강력하게 거부하는 데 있다."

《여성의 종속》

인간이 모여 사는 첫 단계에서는 강자의 힘에 약자가 복종하는 것이 도덕의 기본이 된다. 다음 단계에서는 강자의 관용과 보호 아래 약자가 자신의 권리를 가지게 된다. 일종의 '자연 상태'에서 '사회 상태'로의 계약 상황이라 볼 수 있는데 밀은 그다음 단계를 논의하고자 한다. 그가 말하는 다음 단계에서 사회는 정의를 추구하고 사회 구성원은 평등을 누리게 된다. 과거의 정의가 평등한 결사에 기초하고 있다면 이제는 공감에 바탕을 둔 결사까지 포함한다. 자신을 보호하기 위한 본능적인 욕구뿐 아니라 평등한 사람들 간의 수준 높은 동정심이 정의의 토대가 된다는 것이다.

밀이 살았던 근대가 이전 시대와 다른 점은 성취적 지위 획득이 가능해졌다는 것이다. 인간은 타고난 능력과 좋은 기회를 활용하여 목적을 달성할 수 있는 '자유인'이 되었다. 하지만 여성은 여전히 온전한 자유인이라 할 수 없었다. 교육을 받지 못하고 자신의 능력을 입증할 기회를 가지지 못한다면 그는 아직 근대의 세계에 있다고 볼 수 없다. 남성 자유인들은 근대의 세계에 살고 있지만, 여성은 아직 인류의 진보 과정에 함께 하지 못하고 있었다.

밀은 여성이 열등하다는 당대의 인식이 잘못된 것이라고 생각했다. 그는 여성과 남성의 본성에는 차이가 없지만 환경에 의해 다른 능력을 가지게 되었다고 보았다. 여성은 교육의 기회를 공평하게 누리지 못했고, 어렵게 교육받거나 독학을 통해 탁월한 지성을 갖추었더라도 자신의 능력을 입증할 기회를 갖지 못했다. 남성과 여성이 동일한 환경과 기회를 제공받은 적이 없기 때문에 당시 나타나는 능력의 차이를 자연적인 것이라 말할 수 없고, 따라서 이것이 본성의 차이라고 볼 수도 없다는 것이다.

결혼은 어떻게
여성을 종속시키는가

불평등한 결혼 생활

영국에서 남편은 여성의 주인Lord으로
불렸으며, 고대법에 따르면 여성은 남성의 허락 없이 재산을 소유할
수 없었다. 제인 오스틴Jane Austen의 소설에 그 시절의 모습이 잘 묘사
되어 있다. 딸만 둔 아버지가 자신의 재산을 딸이 아닌 먼 남자 친척
에게 상속해주어야 하는 상황에 직면하자 딸을 그 친척과 결혼시키
려 한다. 그 시대의 여성은 사회적으로 억압 받고 권리를 보장받지
못했기 때문에 가정에서도 남성에게 강하게 종속되어 있었다.

그래서 밀은 문명의 발전과 기독교의 등장 덕분에 여성도 정당
한 권리를 누리게 되었다는 당대의 주장에 대해 당시 여성들이 가

정에서 받는 억압 사례를 통해 반박한다. 밀은 심지어 고대 로마 노예들도 재산을 소유할 수 있었고, 정해진 일이 끝나면 자유 시간을 보장받았는데 여성들은 그마저도 누리지 못하고 있다고 지적한다. 밀은 로마 시대 노예와 당대 여성을 비교하며 당시 가정 내 여성의 종속이 얼마나 심각한 상황인지 보여주고 있다.

아주 오래전부터 지금까지 사람들은 가정 내 불평등을 정당화했고, 설사 불만스럽다 하더라도 가족을 위해 어쩔 수 없이 받아들여야 한다고 인식해왔다. 그러나 모순적이게도 이러한 필요악은 모두 여성에게만 강요되었다. 밀은 이러한 모순과 불평등의 문제를 비판한다. 밀은 노예제나 절대주의 정치 체제, 절대적 권한을 휘두르는 가부장제 등을 옹호하는 사람은 언제나 그것의 가장 훌륭한 측면만을 부각한다고 보았다. 아무리 가장 좋은 면을 강조한다고 하더라도 그 제도가 가지고 있는 본질적인 문제는 해소되지 않는다는 점을 지적한 것이다.

가정 내 종속의 문제를 비판하는 논리 중 가장 탁월한 근거는 종속 관계로 인해 발생하는 폭력의 문제이다. 지배하는 위치에 있는 사람은 아무 생각 없이 습관적으로 아랫사람을 괴롭힌다. 밀은 "남성은 여성의 기분과 상반되더라도 남성의 동물적 욕구를 해소해 줄 것을 당당하게 요구하거나 강요할 수 있다"고 비판하며 부부 사이

성폭력을 가정 내 종속의 폭력 문제로 든다.

1980년대까지도 유럽과 미국에서는 부부 사이의 강간에 대해 면책해 주었다. 한국의 경우 2009년에서야 부부 사이의 강간죄를 인정한 첫 판례가 나왔고, 2013년 대법원은 전원합의체 판결을 통해 처음으로 부부 사이의 강간을 인정했다대법원 2013. 5. 16. 선고 2012도 14788·전도 252. 우리가 20세기, 21세기에 들어서야 인지하고 인정하기 시작한 부부 사이의 강간죄를 밀은 19세기에 벌써 파악하고 비판했다. 그는 부부 사이의 성폭력 문제 등 이전에 논의되지 않은 지점까지 여성의 종속 논의를 확장하는 역할을 했다.

여성성의 신화, 자기희생성

당시 여성은 극단적으로 추앙되는 성녀와 배척해야 하는 마녀로 분류되었다. 이렇듯 당대의 여성성에 대한 극단적 인식은 혐오와 신화화 사이를 오갔는데, 밀은 양극단의 태도 모두 문제가 있다고 보았다. 여성이 가족을 위해 자신을 희생하는 특성을 가지고 있다고 강조하며 '자기희생성'을 여성성으로 규정하는 것 또한 여성을 제약한다는 것이다. 밀은 성평등이 실현되면 여성이 애써 남성보다 나은 자기희생적 면모를 보일 필요가 없고 그러지 않을 것이며, 남성은 지금보다 덜 이기적으로 행동하게 되며 더불어 자기희생성을 갖추게 될 것이라고 예상했다. 밀은 여성이 남성보다 더 낫다는 말 역시 여성 입장에서는 병 주고 약 주는 식의 반어라고 본다.

이 지점에 이르면 밀이 단순히 19세기의 시대상을 뛰어넘었을 뿐 아니라 현대의 보통 남성이 깨우칠 수 없는 곳까지 도달해 있음에 감탄하게 된다. 남성이 성차별을 발견한다면 여성은 자각한다. 여성성에 대한 과도한 신화화가 가지고 있는 기만적이고 이중적인 시각과 이에 대한 제약은 남성이 발견하기 어려운 부분이다. 하지만 밀은 지금까지도 해결하지 못한 문제를 이미 당시에 발견하고 공론화하고자 했다.

길들여진 여성,
만들어진 성

가정 밖의 평등,
역할과 직업의 문제

밀은 꽤 냉정한 능력주의자다. 심지어 《대의정부론Considerations on Representative Government》에서는 읽고 쓰지 못하는 사람의 참정권을 제한해야 한다고 주장한 바 있다. 하지만 능력주의가 받아들여지기 위해서는 먼저 교육의 기회가 공평하게 제공되어야 하고, 사회 참여 과정을 통해 습득한 지식과 역량을 입증할 기회가 보장되어야 한다. 밀은 교육을 중요하게 생각했기 때문에 타고난 본성보다 교육의 기회를 포함한 환경의 중요성을 강조했다. 따라서 여성과 남성이 동일한 조건에서 양육되지 않았다면 그 결과만 두고 타고난 우열을 가릴 수 없다는 것이 밀의 논리이다.

이후 이러한 밀의 주장은 시몬 드 보부아르Simone de Beauvoir의《제2의 성Le Deuxieme Sexe》에서 본격적으로 다시 논의된다. 제1의 성인 남성과 제2의 성인 여성의 차이는 자연적인 것이 아니다. 여성은 태어나는 것이 아니라 만들어진다. 비주류인 여성은 사회와 가정에서 제2의 성으로 길러지는 것이다. 보부아르는 여성이 여성으로 만들어지는 과정을 유년기부터 노년기까지의 삶을 통해 이야기했다.

여성은 열등하다?

밀은 여성이 열등하다는 주장에 대해 위에서 언급한 논리적 근거 외에도 역사적 사례로 엘리자베스 여왕, 잔다르크 같은 대표적 인물을 제시한다. 여성은 대문호나 위대한 사상가가 되지 못했다는 당대의 비난에 대해 밀은 여성에게 교육의 기회만큼이나 사유를 위한 충분한 시간과 기회가 제공되지 않았음을 들어 반박한다.

그는 여성이 지나치게 감정적이어서 평정심을 요구하는 업무에 적합하지 못하다는 비판 역시 반박한다. 그가 보기에 여성의 본성에 대한 이러한 비이성적인 고정 관념은 철학이나 엄밀한 분석에 바탕을 둔 것이 아닌 그저 경험적 일반화에 지나지 않았다.

예를 들어 당시에는 문화권마다 여성의 본성에 대해 다른 고정 관념을 가지고 있었다. 동방에서는 여성을 관능적인 존재로 보는 반면 영국에서는 천성적으로 냉정한 존재라고 표현했다. 여성이 감정적이고 변덕스럽다는 인식은 프랑수아 1세 Francis I가 툭 던진 한마디가 전 세계에 퍼진 것으로, 일종의 프랑스식 발상일 뿐이라고 밀은 지적한다.

밀은 문화권마다 다르게 나타나는 이러한 논리적 오류를 구별한다. 영국 남성의 경우 어떤 사물을 결코 본 적이 없을 때 그것이 존재하지 않는다고 착각하는 소극적 오류의 예라면, 프랑스 남성은 눈으로 직접 보면 그것이 언제나, 반드시 같은 형태로 존재한다고 보는 적극적 오류의 사례라는 것이다.

인류의 절반에게 족쇄를 채우고, 그들이 능력을 발휘할 기회를 애초에 차단해 버려도 되는 걸까? 이때 우리가 잃는 것은 전혀 없을까? 그들이 사회적으로 존경과 명예를 얻을 기회를 봉쇄해버리거나, 각자의 책임 아래 원하는 직업을 선택할 수 있는 도덕적 권리를 부정하는 것이 정말로 정의에 부합하는 것일까?

《여성의 종속》, 제3장

밀은 여성이 열등하다는 주장이 타당하지 않음을 입증하며. 이를 이유로 여성의 직업 선택권을 제한하는 것 역시 도덕적으로도 부당한 일이라고 지적한다. 여성의 재능을 제한하고 이들의 기회를 차단하는 것은 비도덕적이며, 동시에 사회 전체 공공의 이익에도 반한다는 점을 강조한다. 역량 있는 여성의 능력을 사회가 활용할 수 없다면 이는 남성을 포함한 사회 전체의 손해라는 것이다.

여 성 해 방 은
남 성 도 구 원 한 다

여성 배척의 모순

메리 울스턴크래프트Mary Wollstonecraft는 모든 인간은 신 앞에 평등하다는 것을 근거로 들어 성평등을 주장했다. 하지만 밀은 신을 가져오지 않고 오직 논리 구조를 통해 당대의 모순적인 주장과 여성을 열등한 존재로 보는 시각에 대해 반박해 나갔다.

밀은 아버지와 함께 플라톤의 논리학과 변증법, 스콜라 학파의 논리학 교과서와 홉스의《계산학 즉 논리학De Corpore, Part I. Computatio Sive Logica》을 공부했다. 논리학에 대한 공부와 훈련을 통해 탄탄한 논리 구조를 구축한 밀은《논리학 체계A System of Logic》를 저술하기도 했다.

벤담의 공리주의를 통한 도덕성과 행복 원리 적용의 과학화 과정도 밀의 논리 구조에 큰 영향을 미쳤다. 밀은 최대의 행복The greatest happiness이라는 벤담의 표준을 교육으로 익혀왔지만 15살에 뒤몽Étienne Dumont이 벤담의 사상을 해설한 《입법론Tactique des assemblées legislatives》을 읽고 나서야 비로소 공리주의자가 되겠다고 다짐했다.

밀은 종교적 회의론, 공리주의, 환경론, 민주주의와 논리학, 경제학을 중시하는 태도가 자신이 가진 사고방식의 기초라고 설명한다. 여성의 종속이 가지는 도덕적 문제와 행복 원리 역시 이러한 시각으로 풀어간다.

밀이 반박할 때 주로 사용한 방식은 반증이다. 'A는 B이다(A→B)'라는 주장은 A임에도 B가 아닌 사례(~B)가 발생할 때 반박된다. 밀은 주로 역사적 사례나 인물, 문화권마다 다르게 나타난 경우를 반례(~B)로 들었다.

그 다음으로 사용한 논리 구조는 상대방의 전제를 수용했을 때 모순적인 결과가 나타남을 보이는 것이다. 처음에는 상대방의 주장에 수긍한다. 당신의 주장이 맞다면 그로 인한 결과도 일치해야 하는데, 주장과는 달리 모순적인 결과가 나오기 때문에 그 전제는 틀렸다는 것이다.

종속이 가지는 문제와 이를 해결해야 함을 설득하는 과정은 '당위'에 의한 것이 아니라 여성의 종속이 가지는 문제, 여성을 열등하게 보는 시각에 대한 '모순'을 지적하며 진행된다. 마지막에 이르러서는 여성의 종속이 남성에게도 유해함을 들어 남성을 설득하고 있다.

> "성공한 모든 남성의 삶 뒤에는 실패에 고통스러워하는 여성의 삶이 있다."
>
> 《여성의 종속》, 제4장

흑인 노예제가 폐지된 지금, 남아있는 유일한 노예는 가정에서 신음하는 여성들 뿐이다. 결혼제도는 인간이 다른 인간의 자비를 기대하며 그가 자신에게 권력을 행사해주기를 바라는 유일한 경우이다.

《여성의 종속》, 제4장

남성 계몽을 위한 설득

1789년 프랑스 혁명은 인민을 곧바로 해방시키지는 못했지만 평등이라는 개념을 유럽 전역으로 확산시켰다. 인간은 점차 신민에서 시민으로 변화하여 정치적 종속에서 해방되기 시작했다. 1863년 미국에서 노예제가 폐지되며 근대에 존재했던 또 하나의 종속의 사슬이 끊어졌다. 노예제가 폐지된 지 6년이 지나 밀은《여성의 종속》을 출간하며 여전히 해방되지 못한 여성의 문제를 이야기한다. 밀은 여성이 스스로 해방되어야 한다고 생각했다. 하지만 성에 의한 종속 문제는 생물학적 남성이라는 이유로 지배적 권위를 누리고 있던 남성들이 계몽되어야 해결할 수 있다고 생각했다.

밀은 여성의 해방이 남성에게도 도움이 된다는 논리를 세 가지 근거로 뒷받침한다.

첫째, 정의가 아닌 힘의 법칙에 의한 지배가 초래한 문제는 남성에게도 나쁜 영향을 미친다. 앞서 논의했듯 종속적인 관계에서 지배자의 지위를 누리는 사람은 비지배 상태에 놓인 사람을 억압하려는 폭력적인 성향을 가지기 쉽다. 사회의 진보는 불평등한 권리 구조를 옹호하는 데 있지 않고 강력하게 거부하는 데 있다는 밀의 시각은 남성을 포함하는 사회의 진보를 위해서라도 이러한 종속의 사슬을 끊어내야 한다고 보고 있다.

둘째, 여성에게 자신의 능력을 자유롭게 발휘하고 직업을 선택할 수 있게 하여 남성과 똑같이 일하고 그 대가를 누리게 하는 것은 인간 사회를 더 높은 단계로 발전시키는 데 도움 된다. 즉 여성의 사회 참여는 사회 전체의 발전을 불러오며, 발전에 따른 이득은 남성도 함께 누릴 수 있다는 것이다.

셋째, 여성 해방을 통해 각각의 인간이 대등한 권한을 가진 상태로 보다 고차원적인 것을 추구하는 동료 관계를 형성할 수 있다. 이를 통해 여성과 남성은 보다 친밀해질 수 있으며 서로에게 충실해질 수 있게 된다. 이러한 관계의 변화는 남성에게도 큰 기쁨이자 이익이다. 자신보다 아내가 지적으로 부족하다고 생각하는 남성은 평균 이상의 무엇인가를 추구할 때 아내를 영원히 무거운 짐과 같은 존재, 심지어 방해하는 존재로 생각하곤 한다. 밀은 이런 굴레에 갇혀 있는 사람이 남다르게 고귀한 덕목을 꿈꾼다는 것은 매우 힘들다고 주장했다.

《여성의 종속》에서 밀은 아내를 열등한 존재로 내버려두거나, 애초에 동반자 관계를 맺을 수 없는 사람과 결혼해 가정 내의 여성이 가사와 육아만 담당하게 하는 남성이 많다고 지적한다. 이러한 이기적인 선택과 행동으로 인해 남성은 퇴보하고 스스로 굴레에 갇히게 된다는 그의 주장을 읽다 보면 앞서 다룬 루소의 삶이 떠오른다. 루소는 자신의 아이들을 저술 활동의 무거운 짐으로 여겼으며, 배우자가 있음에도 감정적 교류가 충족되지 않자 쥘리라는 현실에 존재하지 않는 이상적인 캐릭터를 소설에 등장시키는 것으로 욕구를 해소했다.

반면 대등한 부부 관계에서 오는 기쁨을 누구보다도 잘 알고 있었던 밀은 다른 남성들에게도 여성 해방을 통해 이러한 이득을 함께 나누자고 설득한다. 가정에서 남녀가 함께 사는 동안 한 배우자가 재능을 키우고 능력을 입증해 낼 기회를 받지 못한 채 불행하게 시들어가고 있다면 다른 배우자도 행복할 수 없음을 강조한다.

4부
비로소 근대적 인간이 된 여성들

근대의 시대정신과
근대적 인간

●
송
샘

개인의 시대

근대Modern period는 초기 근대기인 근세近世,

Early modern period와 프랑스 혁명 이후부터 1차 세계 대전 발발 전까지의

후기 근대기인 근대近代, Late modern period 모두를 포함한다. 사상사에서

고대와 근대 사이에 단절적인 암흑기인 중세를 두고 있다. 중세에는

기독교 신앙이 모든 사상과 철학을 압도하는 최고 가치였고 따라서

이 시기에 인간은 철학의 중심 주제가 아니었다.

초기 근대기는 단절되었던 사상사를 고대 사상과 다시 잇는 역

할을 했다. 속박된 인간의 이성을 고대와 다시 잇는 작업은 이탈리

아 도시국가를 중심으로 14~16세기에 진행되었다. 볼테르Voltaire가

표현한대로 르네상스는 "해방된 이성의 빛에 싸여 찬란하게 빛나는 시기"였다. 르네상스와 동시에 진행된 종교 개혁은 신으로부터 인간을 해방시키는 역할을 했고 니콜로 마키아벨리Niccolò Machiavelli는 정치를 종교와 도덕에서 분리시켰다.

이성이 있는 인간

근대를 관통하는 시대정신은 인간, 그 중에서도 인간 이성理性, Ratio이었다. 재발견된 인간은 이성을 통해 설명되었으며, 이는 모든 학문의 근대화를 이끌었다. 교회 권위에서 해방된 인간은 자율적인 주체가 되었고, 공동체의 구성원이 아니라 그 자체의 개인으로 존재하기 시작했다.

신에서 인간으로 내려온 철학의 주제는 공동체 중심에서 개인으로 전환되며 시대는 '개인'을 발견한다. 더불어 '자연 상태State of nature'도 발견되었다. 자연 상태를 경험한 사람이 현존하지 않는 상황에 근대의 정치 철학자들은 인간이 사회와 제도를 만들기 전의 상황을 자연 상태라는 개념으로 설명했다. 근거를 가진 역사라기보다는 철학자들이 자신의 통찰력과 인간관을 바탕으로 인류사에 대한 추적 혹은 추론을 했다고 볼 수 있다. 사회나 국가가 성립하기 전,

인간 본성 그대로의 생존 상태를 상상하고, 자신이 생각하는 인간 본성과 사회 제도의 구조적 기원을 맞춰가며 자연 상태를 발견하고 정의한 것이다.

근대기에 국가 형성 과정을 추론하는 일이 중요했던 이유는 정치적으로 독립적인 개인이 등장하고, 왕정에서 공화정으로 정치 체제를 이행하는 시기였기 때문이다. 이 과정은 정치적 혁명을 필요로 하는데, 이는 사회 구성원을 차지하는 민중 다수의 의식화가 전제되어야 가능하며 따라서 인민이 이성을 바탕으로 계몽되어야 함을 의미한다. 이성의 시대는 지성인과 예술가를 중심으로 진행되었지만 이내 전 사회 구성원이 계몽되어야 한다는 계몽의 시대로 전환된다.

<Women march to Versailles>   © Getty Images Bank

이 과정은 프랑스 혁명을 추동했으며 혁명의 결과이기도 했다.

1789년, 베르사유를 향한 행진에도 여성들이 있었다. 그럼에도 불구하고 여성들은 프랑스 혁명 이후 혁명의 제도화 과정에서 배제되었다. 또한 정부가 수립된 이후에도 주요 구성원이 되지 못하였으며 참정권 역시 보장 받지 못했다. 혁명의 나라 프랑스에서 남성과 여성이 동등한 참정권을 인정받게 된 것은 2차 대전 중이었던 1944년 4월 21일부터이다. 당시 임시 정부는 '여성은 남성처럼 선거권과 피선거권을 갖는다'는 포고령을 통해 여성 참정권을 인정했다. 프랑스 남성에겐 1848년부터 인정되던 참정권이 약 백 년이 지난 후에야 여성에게도 인정된 것이다.

시대에 갇힌 철학자

루소 vs 밀

1789년 프랑스 혁명을 기점으로 근대의 전기와 후기가 구분되는데, 루소와 밀은 크게 보면 근대 철학자이지만 엄밀히 구분하자면 각각 근세, 후기 근대의 인물이다. 루소는 근대의 분기점이 된 혁명에 사상적 기초를 제공하여 근대적 인간을 제도화되는데 영향을 미쳤다.

혁명을 실제로 목도하고 경험하는 것은 철학자들에게도 강렬함을 선사했다. 프랑스 혁명 이후 모든 철학자는 혁명의 딸과 아들이 될 수밖에 없었다. 하지만 혁명 이후에 태어난 밀의 사상은 혁명의 아들이라기보다는 손자에 가까웠다. 프랑스 혁명이 유럽 전역에 영향을 미치고, 미국의 남북 전쟁으로 노예제가 종식되는 것을 본 밀은 계몽의 시대에 마지막 종속 관계인 여성 종속이라는 문제에 크게 목소리 내기 시작한다.

최초의 여성주의자Feminist, 페미니스트 남성이라고 불리기도 하는 밀과는 달리, 루소에 대해서는 그가 제시하고 제도화에 영향을 미친 '근대적 인간'이라는 개념에 과연 여성도 포함되어 있는가 하는 논쟁은 여전히 현재진행형이다. 루소는 여러 편의 저작을 남겼지만 그의 여성관은 일관적이지 않다.

루소 역시 자유주의자로서 자유를 중요하게 생각한다. 루소는 자유의 지배자가 되어야 한다는 자율성 개념을 확립하고 자유를 세 가지로 나누었다. 자연적 자유는《인간 불평등 기원론Discours sur l'origine et les fondements de l'inegalite parmi les hommes》에서 자연 상태의 자연인이 누리는 자유이고, 시민적 자유는《사회계약론Du Contrat Social ou Principes du droit politique》에서 주권자인 시민의 자유이다. 도덕적 자유는《에밀》에서 교육을 통해 형성된 에밀이 누리는 자유이다. 그러나 결국 에밀은 남자이고,《에밀》에서 다루는 자유와 교육은 성차별을 전제로 진행되었다.

근대적 인간을 제도화하는 것은 근대의 시대적 과제였다. 근대적 인간을 제도화하는 과정에 이성의 개념이 확장되고 이는 지역적으로 확산되어 진행되었으며 결과적으로 인류는 진보했다. 진보는 양적 성장과 질적 팽창 모두를 포함하는 개념이다. 근대에 이러한 진보는 전 분야에서 진행되었다.

근대적 인간

보통 진보란 우상향의 발전을 의미하는 것으로, 수직적Vertical 상승의 개념이다. 경제적, 정치적인 발전을 설명하기에 적합하다. 반면 철학적인 의미의 진보는 수평적Horizontal 확장을 의미한다. 후대에 등장한 사상이나 개념이 앞선 시대의 것보다 더 낫다는 비교 우위의 진화를 의미하는 것이 아니다.

근대적 인간의 발견이란 인류 지성사의 수평적 확장을 의미한다. 근대는 제도화를 통해 정치적 자유를 확보했고 시민으로서의 개인을 만들었다. 그러나 이러한 진보의 이득을 모든 성별이 동일하게 누릴 수 있는 것은 아니었다. 여성의 참정권은 유럽과 북미에서도 1920년대에 이르러서야 가능했고, 이 시기에도 여전히 인정하지 않은 국가가 더 많았다. 참정권이 없는 시민이란 정치적으로 독립한 개인이 될 수 없다. 그런 의미에서 여성은 현대에 와서야 겨우 근대적 인간이 될 수 있었다.

인간 종속 문제의 우선순위

시대정신과 사상가 개인의 경험은 철학자의 사상을 정립하는 데에 큰 영향을 미친다. 물리학이나 화학과 같이 진리를 발견해 내는 특징을 가진 학문이 아니라 새로운 시각과 생각을 확장시키는 철학의 학문적 특성상 더욱 그러하다. 프랑스 혁명과 미국의 노예제 폐지를 지켜본 밀과 그 이전 시대의 사람인 루소를 동일 선상에 두고 양자의 여성주의를 비교할 수는 없다. 다른 배경을 살았으므로 그들의 시대정신과 사상 역시 다르게 정립될 수밖에 없기 때문이다.

특히 여성주의 관점에서 보았을 때 밀과 루소는 극단적인 개인사를 경험한 철학자들이다. 루소는 부모의 부재, 특히 어머니의 부재 속에서 성장했다. 연애나 결혼 역시 순탄하지 않았다. 또한 가정에서 아내와 동반자적 관계를 맺기보다 그를 가사를 담당하고 성적 욕구를 해소할 대상으로만 여겼다. 반면 밀은 시대의 지성이었던 해리엇을 친구이자 아내, 학문적 동지로 만나 함께 연구하고 책을 썼다. 각기 다른 생을 살았던 루소와 밀은 각기 다른 여성관을 가지고 있었다.

무엇보다도 그들이 생각하는 인간 종속의 문제는 우선순위가 달랐다. 근대적 인간이 제도적으로 가능했던 것은 프랑스 혁명 덕분이었다. 근대적 인간, 개인, 시민이 가능하기 위해서는 공화국으로의 이행과 제도화가 필요하다. 제도화 과정은 구체제Ancien Régime와의 단절로 가능한데, 이러한 혁명에 사상적 근거를 제공한 것은 루소였다. 하지만 루소의 근대적 인간 탄생과 시민 해방에 대한 생각은 여성에까지 미치지 않았다. 루소의 근대적 인간에서 여성은 배제되어 있었다. 혁명 이후 밀에 이르러서야 여성을 근대적 인간에 포함시키려는 시도가 나타났다. 인간 해방, 시민 해방이 아닌 또 다른 종속 관계 속 여성의 해방에 대한 논의가 비로소 본격화된 것이다.

루소가 있었기에 프랑스 혁명이 가능했고, 혁명이라는 시대적 경험 이후 태어난 밀이 있었기 때문에 당대의 시대정신을 여성주의(페미니즘)까지 확장시킬 수 있었다. 루소는 새로운 시대를 열고 시대정신을 정립하는 등 시대적 소임을 다했지만 여성 문제에 있어서는 이를 묵인하고 외면했다. 즉 루소는 새로운 시대의 아이디어를 제공했지만 여성을 외면했다는 점에서 시대에 갇혀 있다. 반면 근대와 현재의 사이 어디쯤에 서 있던 밀은 루소처럼 한계를 가졌음에도 불구하고 자신의 시대를 깨고 새로운 세상으로 먼저 나가려 시도했던 철학자로 기억된다.

결국 인간 종속 문제에 대해 밀과 루소가 가지고 있는 우선순위의 다름은 성차별 문제에 대한 인식의 차이로 나타났다. 하지만 이는 종속의 우선순위가 아닌 인간의 범주에 대한 문제라 할 수 있다. 그 당시 제기된 정치적 속박과 종속으로부터의 자유 문제가 왜 남성에게만 적용되었을까? 여성과 남성 모두를 근대적 인간으로 진화해야 하는 동일한 인간으로 인식했다면 성별에 의한 종속의 문제는 근대부터 다뤄질 수 있었을 것이다. 그리고 시대는 더 큰 폭으로 진보할 수 있었을 것이다.

계몽의 시대

근대 지성의 거장, 칸트

기존의 철학자들과 그들의 사상을 여성주의의 관점으로 재해석하고 재평가하는 일은 다양한 긍정적 효과를 가진다. 우선 우리가 무비판적으로 체득한 기존의 사상이 짚어내지 못했거나 혹은 주변적인 것으로 무시한 요소들을 재조명해 볼 수 있다. 이 과정을 통해 오늘날의 도덕적·윤리적 딜레마와 더 나아가서는 이와 연관 있는 모든 현실 문제에 이르기까지 새로운 통찰력을 발견할 수 있다. 또한 우리가 당연히 옳다고 믿어왔던 일들이 사실 소수자Minority의 관점에서 보았을 때 굉장히 불합리하고 폭력적일 수 있다는 전복적 고찰을 가능하게 한다. 이러한 고찰은 우리들로 하여금 소수자가 겪는 고통 및 경험을 간접적으로나마 체험하게 함으로써 감수성을 훈련할 기회를 제공한다. 또한 본인이 소수자에 속한다면 이러한 체험을 통해 전복적 쾌락을 얻거나, 소수자로서 목소리를 내야 하는 이유를 찾게 될 수도 있다. 이에 더해 기존의 사상에 반론을 제기하는 행위는 그 자체로 지적 탐구의 즐거움을 제공하기도 한다.

아무리 철학, 윤리학, 정치철학에 문외한이라고 하더라도 이마누엘 칸트Immanuel Kant의 이름을 들어보지 못한 사람은 없을 것이다. 칸트는 인문학 교양을 과시하려는 사람들이 가장 애용하는 이름 중 하나이기도 하다. 그런데 혹시 당신은 칸트가 왜 유명한지, 어떠한 업적을 이루어 낸 사람인지 알고 있는가?

칸트의 생각과 사상은 단순히 철학 분야뿐만 아니라 인간사 전반에 영향을 미쳤다. 칸트 이후에 등장한 헤겔Georg Wilhelm Friedrich Hegel부터, 그의 영향을 받은 마르크스Karl Marx와 엥겔스Friedrich Engels 등, 칸트로부터 내려오는 이들의 계보를 보면 그가 단순히 뛰어난 철학자 중 한 명이 아니라 인류 역사에 획을 그은 거대한 인물이라는 것에 고개를 끄덕이게 만든다. 칸트의 저서《순수 이성 비판Kritik der reinen Vernuft》,《실천 이성 비판Kritik der praktischen Vernunft》,《판단력 비판Kritik der Urteilskraft》등에서 등장하는 그의 윤리학적 개념과 자유와 평등 등의 진보적 논의는 오늘날까지도 곳곳에 스며들어 우리의 삶에 녹아들었다. 우리가 당연하다고 여기거나 절대적으로 믿는 가치 판단 준거의 기원을 거슬러 올라가보면 어렵지 않게 칸트의 저서들을 찾아낼 수 있을 것이다.

이 파트에서 다룰 질문은 이것이다.

칸트의 철학은 여성주의적인가, 아니면 여성주의의 적인가.

계몽의 시대와 여성

계몽의 뜻은 '열 계啓'에 '어두울 몽蒙', 다시 말해 무지라는 어둠을 걷어낸다는 의미이다. 이러한 사상적 기초가 담겨 있는 '계몽 시대'라고 하면 대체로 17, 18세기 유럽이라고 할 수 있다. 르네상스 이후 인간이 종교로부터 독립하여 스스로의 능력과 의지에 집중함에 따라 자연과학, 인문학, 예술 등 다방면에서 눈부신 발전이 있었다. 그중에서도 자연과학의 발전이 사람들의 사고 및 삶의 방식에 미친 영향은 굉장했다. 갈릴레오Galileo Galilei, 케플러Johannes Kepler, 뉴턴Sir Isaac Newton 등에 의해 고전 물리학의 틀이 잡힌 이래로 사람들은 자연을 필연적 인과 법칙, 즉 과학적 논리에 의해 정교하게 움직이는 기계로 보았다. 인과적 '힘'들을 발견하면 이를 통해 힘이 관여하는 '세계'를 완전히 파악하기에 충분하다고 생각한 것이다. 이처럼 과학적 논리에 대한 확신은 인간 이성의 힘과 경험에 대한 믿음에서 나온다.

이성Reason 및 경험의 능력과 가능성에 대한 믿음은 사람들로 하여금 인류가 끊임없는 진보를 이룩할 것이라고 기대하게 했다. 이러한 신념은 새로운 세계관을 형성했고, 신이 아닌 인간의 업적을 신봉하면서 이 업적을 삶에 적용하려는 의지로 계몽주의를 탄생시켰다. 그리고 사람들은 이 계몽주의를 기존 종교를 대신할 신앙처럼 받들었다.

칸트가 주로 활동한 시기는 계몽주의 물결이 불던 유럽의 18세기이다. 철학 및 윤리학을 포함한 수많은 연구자와 지식인들은 세상을 이해하는 자신만의 이론을 앞다투어 만들어 냈다. 당시의 지식인들은 무지한 대중을 깨우쳐주어야 한다는 사명감에 의거해 계몽 운동을 펼쳤고, 귀족 엘리트 집단의 특권에 저항해 평등과 자유를 외쳤다. 인간의 이성, 윤리 및 권리 등에 대한 수많은 논의가 이어졌고 이러한 시대 분위기 속에서 칸트, 밀, 루소, 로크 등 수많은 사상가들이 출현했다.

요약하자면 계몽 시대는 지성이 꽃피우던 시기였다. 그런데 과연 계몽 시대의 '인간'은 정말 '인간 전체'를 뜻하는 것일까? 계몽의 혜택은 모든 인간에게 고루 돌아갔을까? 잘 모르겠다면 질문을 바꿔서, 앞서 언급한 철학자 중에 여성이 있는가? 혹은 언급되지 않았지만 알고 있던 철학자 중에서 모두가 알만한 계몽 시대 여성 철학자가 있는가? 어쩌면 운 좋게 찾을 수 있을지도 모른다. 하지만 그 여성 철학자들의 수는 분명히 오늘날 인류의 역사에 지대한 영향을 미쳤다고 회자되는 남성 철학자들에 비해 수와 영향력이 미미할 것이다.

우리는 남성들이 주체적으로 자신들의 역사를 써내려가며 세상을 바꾸는 동안에 여성들은 어디에서 무엇을 하고 있었는지 질문할 수밖에 없다. 여성들이 남성보다 지적·육체적으로 열등해서 남성만큼 뛰어나고 유명한 여성 철학자가 없는 것일까? 여성은 숙고하고 탐구하는 것보다는 가사와 꾸밈 노동에 더 재능과 관심이 있었던 것일까? 그것도 아니라면 도대체 이 지성의 시대에 여성 철학자, 여성 연구자, 여성 지식인들은 어디에 있었을까? 누가 계몽 시대의 여성들을 역사에서 지워버렸을까?

여성적이지 못한 여성

이 질문들에 답하기 위해서는 당대에

여성의 위치가 어떠했는지 살펴보아야 한다. 계몽 시대는 이성의 시대라고 말하기 무색할 만큼 똑똑한 여성에게 관대하지 못했다. 당시 여성은 '인형' 역할을 하거나 철저히 '사적 영역' 안에서만 존재할 수 있었다. 여성은 번뜩이는 지성보다 잘록한 허리와 새하얀 피부를 갖도록 장려되었고, 집안에서 출산과 육아, 집안일만을 담당하도록 강요되었다. 똑똑한 여성은 당시에 가장 '여성적이지 못한 여성'이었다. 때문에 가난한 서민 여성은 금전적 이유로 교육받지 못했고, 상류층 여성이 받는 교육조차 결혼하기 위한 예절, 신부수업 정도에 그쳤다. 만에 하나 여성이 고등 교육을 받아 지적으로 뛰어나고, 언변에 능하고, 논리적이면 그는 최악의 결혼 상대로 전락했다. 남성에 비해 재산 상속에서도 불리하고, 그렇다고 직업을 가지거나 임금을 받을 수 있었던 것도 아니었으므로 이 시대의 여성이 생존할 수 있는 거의 유일한 방법은 바로 결혼이었다.

그렇다면 최악의 결혼 상대로 여겨졌던 똑똑한 여자들은? 그들은 변변한 생존의 수단도 없이 사회로부터 버려지곤 했다. 생존의 수단조차 없는 사람이 지적 탐구를 한다는 것은 비현실적이다. 여성은 기울어진 운동장 위에서 똑똑하지 못하도록 사회화되고, 똑똑해서 무엇인가 도전하려고 해도 현실적으로 할 수 없게 되었고 그렇게 해서 끊임없이 남성보다 덜 똑똑한 여성을 만들어 내는 차별의 구조 속에 있었다.

이에 반해 당시의 많은 남성 학자들의 경우 지적 능력을 추구하도록 장려되었고, 이를 안정적으로 추구하기 위한 생존의 수단을 마련하기도 쉬웠다. 무엇보다 그들은 허구한 날 별 다른 생산 없이 생각만 하며 지내도 괜찮을 정도의 자유가 있었다. 그들에게는 음식을 차려주고, 더러운 옷을 세탁해 줄 가정부가 있었고, 성욕을 해소해 주고 자신의 자식을 낳아줄 아내가 있었기 때문이다. 다시 말해 당시 사회는 뛰어난 여성의 존재를 철저하게 방지하고 억압했고, 그들에게는 오직 남성을 빛내기 위한 부수적 위치만을 허락했다.

계몽주의 사상가들 중에는 꽤나 사랑꾼들도 있었다(해리엇을 사랑한 밀처럼. 하지만 해리엇조차도 자신의 연구에 이름을 남기지 못했다). 이 남성 철학자들은 그들의 애인이 자신과 함께 지적 탐구를 하고 지적 영감을 줄 정도로 아주 뛰어난 여성이었음을 알고 있었다. 많은 경우 이 남성 학자들이 그들의 애인에게서 사랑한 부분은 '지성'이었다. 그럼에도 불구하고 이 뛰어난 여성들은 자신의 이름이 아닌 누군가의 연인이나 뮤즈로 남았다. 여성은 이성적 판단의 주체로 받아들여지지 못했기 때문이다. 이는 여성이라는 존재를 인간으로 보지 않았다는 말과 같다.

사람들은 이 시대를 변혁의 시대라고 이야기하지만 여성들의 삶에서 있어서는 복식과 요구되는 바는 변했을지 몰라도 여전히 억압 속에 있는 삶이었음이 자명하다. 남성들이 이전 시기에 겪지 못했던 거대한 사상적, 관념적인 변화를 경험하고 세상을 주체적으로 변화시키고 있을 때, 여성들은 이전과 마찬가지로 철저히 사적 영역에 갇혀 밖에서 승승장구하는 남성들을 위해 식모가 되었고, 출산 및 양육을 담당하는 아내가 되어야만 했다.

계몽 시대에서 여성들이 완전히 지워져 버렸다는 의견에 대해 반대하는 의견이 있을 수도 있다. 분명히 계몽주의 남성 철학자들 중에서도 여성을 언급한 이가 있고, 여성 혹은 여성성을 탐구하고자 한 학자들도 있었다. 하지만 이것은 여성들의 목소리가 아닌, 단지 여성 혹은 여성성을 타자로 하여 가부장적 잣대로 관찰하려는 남성들의 목소리일 뿐이다. 여성은 남성에 의해 타자화되고 왜곡되기 일쑤였다.

가부장적 시선으로 바라본 여성성이 얼마나 왜곡되고 잘못되었는지를 보여주는 사례가 앞서 하나 제시되었다. 과거 프랑스에서는 여성이 너무 감성적이기 때문에 이성적 사고에 적합하지 않은 존재라고 묘사했는데, 이에 반해 비슷한 시기 영국에서는 여성이 남성에 비해 너무 이성적이어서 의리를 모르고 피도 눈물도 없는 존재로 그려졌다는 것이다. 재미있는 사실은 이런 정반대의 성향이 여성이라는 하나의 존재를 묘사하기 위해 사용되었다는 것과 둘 다 여성을 깎아내리기 위해 사용되었다는 것이다. 이처럼 당시 유럽의 남성 철학자들의 시각에서 여성성은 남성성에 비해 열등한 것이었고, 여성은 남성을 위한 부수적 존재로 묘사하곤 했다.

다음 장에서 살펴볼 칸트 역시 가부장적 시대에 갇혀 있는 철학자였다. 그는 《실용적 관점에서 본 인간학Anthropologie in pragmatischer Hinsicht》에서 이렇게 말했다. '남성은 자기 자신을 위해 취미를 가진다. 부인들은 그들의 남편을 위해 자기 자신을 그의 취미 대상으로 만든다.' 남성과 여성에 대하여 놀랄 만큼 불평등한 시각을 드러내고 있음을 알 수 있다. 이제 그의 삶과 철학을 새로운 시각으로 볼 차례이다.

여성을 지워 버린
칸트 철학

칸트의 여성관

칸트의 여성관은 그의 개인적 삶과 여러 저서를 통해 확인할 수 있다. 우선 개인적 삶을 볼 때 칸트는 여성들과 잘 어울렸던 남자는 아니었다. 칸트는 여러 가지 이유로 독신 생활을 했는데, 먼저 건강의 문제가 있었다. 칸트는 스스로에 대해 "나의 가슴은 납작하고 좁아서 심폐 운동을 자유롭지 못하게 했고 이로 인해 나는 우울증에 걸리기 쉬운 소질을 갖고 있었다" 라고 말했을 만큼 병약한 몸을 가지고 있었다. 또한 칸트는 결혼을 하지 못했다. 정교수가 되고 생활이 안정됨에 따라 칸트는 몇 차례 결혼을 고려했다고 한다. 한 번은 '젊고 아름다우며 부드러운' 미망인이었고, 그 다음은 '베스트팔렌에서 온 소녀'였으며, 마지막은 '쾨니히스베르크 출신의 한 여성'이었다. 그러나 칸트가 결혼에 발생할 비용을 계산하며 주저하는 사이에 첫 번째 여인은 자신에게 청혼한 다른 남자와 결혼해버렸고, 두 번째 여인 역시 기다리다 지쳐 다른 곳으로 여행을 떠났다. 세 번째 여인에게서는 정신적 유덕함과 지적 흥미를 찾을 수 없어서 결국 결혼을 포기하고 말았다.

칸트가 자신의 배우자가 될 사람에게서 원하는 모습이 젊음과 아름다움이라는 것은 그 시대 여성에게 부과되었던 여성성의 한 조각을 보여 준다. 그런데 이에 더해 칸트는 여성이 정신적 유덕함과 지적 흥미 또한 갖추고 있기를 원했다. 그는 여성이 남성만큼의 이성적 사고를 할 수 없는 존재이고, 여성의 본질은 아름다움이라고 이야기하면서도, 정작 본인이 만나는 여성들에게는 이성적 똑똑함, 그의 말에 따르면 '남성성'을 바란 것이다. 이는 여성에 대한 칸트의 모순적 태도를 보여 준다. 물론 칸트의 입장에서 아내의 똑똑함이 자신(남성)만큼일 것이라고는 기대하지 않았겠지만 말이다.

차별의 시각

칸트는 평생 독신으로 살았지만 그렇다

고 여성에 대한 물리적 혐오감을 가지고 있지는 않았다. 이는 칸트가 사교 모임에서 여러 부인들과 지속적으로 교제한 것에서 드러난다. 그러나 그가 생각한 훌륭한 여성이란 현숙하고 요리를 잘 하는 가정주부에 특화된 여성이었다. 그런가 하면 "여성에게 중요한 학문의 내용은 인간이며, 그중에서도 특히 남성이다. 여성의 철학은 사색하는 데서 성립한다기보다 느끼는 데서 성립한다"라든지, 여성에 대한 자연의 목적은 "종種의 보존과 여성에 의한 사회의 교양과 세련화이다"라든지, 앞서 예시로 들었던 것처럼 '남성은 자기 자신을 위해 취미를 가진다. 부인들은 그들의 남편을 위해 자기 자신을 그의 취미 대상으로 만든다' 등 오늘날의 관점에서 봤을 때에는 꽤 충격적인 발언도 했다. 이러한 발언은 칸트가 여성의 주체성이나 이성적 능력을 인정하지 않았으며, 여성에게 부과되어 있는 '여자는 아름다워야 한다'와 '여자는 남성을 위한 존재이다'와 같은 억압적 여성성을 부각시켰음을 보여 준다.

그의 저서에는 여성에 대한 차별적 시각이 더 명백히 드러나 있다. 그는 개념을 이원화해서 설명하곤 했다. 예를 들어 남성적인 것과 여성적인 것, 이성적인 것과 감성적인 것, 보편적인 것과 주관적인 것, 이런 식으로 말이다. 여기에서 중요한 것은 이원화되어 있는 두 구조 중에서 전자가 후자에 비해 우월하고, 전자가 후자를 지배하는 구조를 가지고 있다고 말한다는 점이다. 다시 말해 남성은 여성보다, 이성은 감성보다, 보편성은 주관성보다 우월하다는 것이다.

전반기 저작인 《아름다움과 숭고함의 감정에 관한 고찰Beodachtungen über das Gefübl Schönen und Erbabenen》은 이를 잘 보여 준다. 이 책에서 칸트는 남성과 여성의 차이를 본질적인 것으로 보고 있다. 남성과 여성이 본질적으로 다르기 때문에 성별에 따라 철학적 사유 능력, 도덕적 능력 또한 철저하게 다르게 나타난다고 보는 것이다.

여성도 남성처럼 상당한 지성을 지닌다. 하지만 여성의 것은 아름다움에 대한 지성이며, 우리들(남성)의 것은 깊은 지성인데, 깊은 지성은 숭고와 동일한 것을 의미한다.(중략) 깊은 명상과 오랜 숙고는 고상하지만 어려우며, 아름다움 외에는 아무것도 보여 줄 수 없는 강제되지 않은 매력을 가진 사람(여성)에게는 어울리지 않는다. 비록 어떤 여성이 수고스러운 배움이나 고통스러운 숙고를 견디고 크게 성공했을지라도, 이것들은 여성에게 적합한 장점들을 훼손한다. (중략) 그리스어로 가득 찬 머리를 지니거나 (중략) 역학에 관한 근본적인 논쟁들을 다룰 수 있는 여성이라면 턱수염을 갖는 편이 나을 것이다. 아름다운 지성은 보다 섬세한 감정에 관련된 것을 그 대상으로 선택하며, 추상적 사고나, 유용하지만 무미건조한 것들은 근면하고 근본적이며 깊은 지성에게 양보한다. 그러므로 여성은 기하학을 배울 수 없을 것이다. (중략) 여성을 위한 학문의 내용은 인류라기보다는 남성에 속한다. 여성의 철학이 이성에 근거하지 않고, 감각에 근거한다.

《아름다움과 숭고함의 감정에 관한 고찰》

칸트는 여성과 남성의 철학적 사유 능력을 이원화시키고, 여성의 능력을 폄하하고 있다. 여성이 문학, 과학, 수학 등 학문에서 상당한 성취를 이룰 수 있다는 점을 본인이 인정했음에도 불구하고, 학문 탐구는 여성에게 적합하지 않다고 보는 대목에서 여성에 대한 시대적, 문화적 편견이 강하게 드러난다. "여성의 철학은 이성에 근거하지 않고 감각에 근거한다"는 칸트의 지적은 남성적인 것은 이성적인 것이며, 여성적인 것은 감성적인 것이라는 이분법적 한계를 적나라하게 보여 준다.

한편, 칸트는 "인간 없이는 우주만물이 그저 황폐한Wüste 헛된 것이고 궁극목적이 없다"라는 계몽의 이념을 천명한다. 즉 이성적 존재인 인간이 궁극목적이 되며, 우주만물 내지는 세계가 인간을 통해서 어떠한 가치를 얻게 된다. 인간만이 오직 도덕적 존재로서 궁극목적이 될 수 있다. 칸트에게 궁극목적이 없는 세계란 상상할 수 없는 것이며, 인간은 주체로서 최고의 가치를 지닌다. 부연하자면 오직 도덕성만이 인간으로 하여금 궁극목적이 되게 할 수 있으며, 전체 자연 혹은 본성은 바로 이러한 궁극목적을 위해 목적론적으로 배열된다.

자연 혹은 본성에 대한 목적론의 관점에서 칸트의 철학은 인간을 최고 가치를 지닌 도덕적 존재이자 궁극목적으로 상정하고 있는데, 남성과 여성을 이해하는 방식에 있어서 다른 의미를 지닌다. 논란이 될 수 있는 부분은 양성의 동등함이 종의 출산과 성장, 특히 자기 유지라는 목적에 위배된다는 점이다. 자연은 종의 유지에 가장 관심을 두고 있고 이를 실현시키기 위해 남성에게 더 큰 힘을 부여했으며, 남성의 큰 힘은 여성을 지배하고 통치할 수 있는 힘, 즉 여성을 복종시키는 힘이라는 것이다. 평등의 문제에 관해 칸트는 다음과 같이 자문자답한다.

"문제는 남성이 아내와의 관계에서 '내가 너의 주인이어야 한다(남성은 명령하고 여성은 복종해야 한다)'라고 할 때 이들의 불평등이 그 자체로 모순이 되는가 하는 것인데, 만약 이러한 지배가 여성에 대한 남성의 능력이 가진 자연적 우위성 때문이라면 (중략) 그것은 부부의 자연적 평등에 위배되는 것으로 볼 수는 없다."

《도덕형이상학Die Metaphysik der Sitten》

그의 말에 따르면 가사를 실행함에 있어 자연적으로 우월한 남성이 명령하고 여성이 복종하는 것은 자연적 평등에 저촉되지 않는다. 이러한 생각은 남녀 관계를 이해하는 방식에서도 재현된다. 칸트에 따르면 문명화되지 않은 상태, 혹은 원시적 자연 상태에서 우월성은 오직 남성에게만 존재한다. 이때 여성은 가축과도 같은 존재이다. 남성은 무기를 손에 쥐고 나아가며, 여성은 남성의 가제 도구를 담은 짐을 지고 남성을 따라가는 가축이 된다.

또한 칸트는 문명 상태에서도 어느 한편이 다른 한편에 비해 우월해야만 한다고 주장한다. 이 경우 남성의 우월성은 육체적 능력과 용기에 있으며, 여성의 우월성은 '남성의 성향을 가지고 노는(bemeistern) 천부적 재능'에 있다고 한다. 즉, 여성의 육체적 약함은 남성을 자신의 의도에 맞게 이용하기 위한 수단이며, 여성의 수다와 감정적인 언변은 남성을 무장 해제 시키는 수단이고, 여성의 눈물은 남성을 저항하지 못하게 하는 수단으로 이해한다. 여성의 능력은 남성보다 뒤쳐지며 여성이 지닌 능력 중 남성보다 우월한 것은 남성을 이용하는 능력뿐이라는 것이다.

칸트는 여자의 본성에 '종의 보존'이라는 목적이 스며들어 있기 때문에 남성들로 하여금 여성이 부재한다면 종의 보존이 불가능할지도 모른다는 공포를 느끼도록 만들었다고 본다. 이로 인해 여성이 남성에게 당당하게 보호를 요구할 수 있다고 생각한 것이다. 뿐만 아니라 섬세한 감성, 예컨대 표정이나 언어 능력에서의 얌전함과 언변 능력이 여성이 남성의 지배자가 되도록 도움을 주었다고 본다. 이러한 것들은 그에 따르면 '자연의 의도'가 된다.

'자연의 의도'는 가족을 양분법적 논리로 이해하는 방식으로 연결된다. 칸트에 따르면 가정 내에서 남편은 오성悟性을 통해 통치하고, 부인은 (감정적) 성향을 통해 지배한다. 여기서 오성적 통치자인 남성과 감정적 지배자인 여성은 군주와 신하의 관계로 비유된다. 최고의 위치에 있는 군주는 자신이 원하는 모든 것을 할 수 있지만, 신하는 자신의 의지를 군주에게 줄 뿐이다. 더 나아가 칸트는 "여성은 결혼을 통해 자유로워질 수 있지만 남성은 이를 통해 자신의 자유를 상실한다"는 논리를 폄으로써 여성에 대한 자신의 생각을 마무리 짓는다.

마지막으로 주목할 것은 칸트에게 '모든 인간'이란 도덕적 인격을 갖춘 존재를 의미하는 것은 아닐 수 있다는 점이다. 왜냐하면 그에게 하인, 미성년자, 다른 사람의 처분에 자신의 생존(식량과 보호)이 달려 있는 사람과 마찬가지로 모든 여성의 시민적 인격은 결여되어 있고, 따라서 그들의 생존은 실체 없는 부속물일 뿐이기 때문이다. 칸트는 이러한 종속과 불평등이 인간의 자유와 평등에 결코 위배되지 않는다고 판단한다.

칸트에 대한 비판

칸트가 여성주의적이지 않다고?

지금까지 칸트가 남성과 여성을 지극히 불평등한 시각으로 바라보았다는 사실을 알아보았다. 그런데 이와 같은 여성주의적 비판에 대해 못마땅해 하며 이를 반박하는 입장도 존재한다.

혹자는 앞서 언급된 저서가 여성 차별적 담론에 초점을 맞춘 것이 아니라고 말한다. 그에 따르면 칸트는 미(여성)와 숭고함(남성)을 대립시키고 있지만 동시에 미와 숭고의 원형은 자연에 있으며, 한 개인에게서 미와 숭고가 적절하게 균형을 이루어야 한다는 것이다. 칸트는 '침착한 태도와 고상한 태도 아래, 아름다운 지성의 빛을 발하며, 부드러운 감정과 이타적인 마음을 얼굴에 보임으로써 남성의 애정과 존경을 받는' 여성은 숭고한 감정을 지녔다고 본다. 요컨대 칸트는 미와 숭고가 상호 대립하면서도 보완되어야 할 것으로 간주하는 것이다.

하지만 미와 숭고의 감정이 남성뿐만 아니라 여성에게서도 공존한다는 점을 인식했음에도 불구하고 여성은 전반적으로 미에 가까우며, 더 나아가 학문적 탐구를 하는 데 있어서 이성적 능력에 한계가 있다는 발언은 여전히 문젯거리이다.

여성주의자들은 칸트가 여성의 덕은 아름다운 덕이고 남성의 덕은 고귀한 덕이며, 여성의 덕은 구체성과 감정에 집착함으로써 보편 원리적 사고가 결여되었기에 결국 남성의 덕에 비해 열등하다고 보고 있음을 지적한다. 이에 대하여 혹자는 칸트가 말한 참된 덕은 순수 이성이 입법한 보편 원리적 도덕 법칙(남성의 덕)을 의미하는 것이 아니라 '아름다움과 인간 본성의 존엄'에 관한 '의식'과 결부된다고 반박한다.

참된 덕은 원칙들에만 결부될 수 있다. 그 원칙들이 보다 보편적일수록 덕은 숭고하고 고귀해진다. 이러한 원칙들은 사변(思辨)적인 규칙이 아니라 모든 사람의 가슴 속에 살아 있고, 연민과 친절함의 특별한 범주를 뛰어넘어 자신을 확장하는 그런 감정에 관한 의식이다. 그것은 미의 감정이자 인간 본성의 존엄이라고 말할 수 있다.

《아름다움과 숭고함의 감정에 관한 고찰》

참된 덕은 인간 본성에 관한 아름다움과 존엄성에 대한 '의식'이다. 즉 감성적인 것, 이성적인 것의 차이에서 비롯된 것이 아니다. 그리고 이 의식은 모든 사람에게 있는 '보편적인 도덕감(도덕적 감각)'을 의미한다. 칸트의 윤리학 논의에서 인간 본성에 내재된 아름다움과 숭고의 가치는 도덕적 가치의 실질적 내용이므로 도덕감에 의해서 파악될 수 있으며, 보편적 도덕감은 도덕의 형식적 원리와 실질적 원리를 통합하는 도덕의 기초로 간주된다. 그러므로 남성과 여성의 도덕적 능력을 이성과 감성(감정)으로 대비시켜서 비판하는 관점은 논점을 벗어난 것이다.

이에 더해 반박론자들은 칸트의 윤리학에서 남성과 여성의 도덕적 능력을 여성 차별적 혹은 여성 배제적으로 보기보다는 상호 보완적으로 볼 수 있다고 해명한다. 물론 도덕성의 정초定礎 과정에서는 이성의 능력 안에서 도덕 법칙의 입법을 다루는 도덕형이상학, 즉 순수 윤리학이 부각되지만 도덕성의 실현을 위해서는 공감과 같은 경향성의 도움이 절실하다. 칸트는 자신의 윤리학 논의에서 경험적인 차원을 하나의 체계적 저술로 확립하진 않았지만 교육학 강의, 인간학 강의, 미학, 종교, 역사 등의 저술 등 다양한 분야의 활동을 통해서 그 성격을 확인할 수 있다. 이 저작들은 기본적으로 자유의 법칙에 의해 입법된 도덕성의 이념을 감성계에서 실현시켜야 한다는 목표를 지니고 있다.

또한, 남성적 도덕성의 성격이 강한 '의무'와 여성적 도덕성과 친화력이 큰 '경향성'의 조화 가능성을 엿볼 수 있다. 칸트는 도덕성의 적용 및 실현에 있어서 의무 수행에 기여할 수 있는 경향성의 요소를 중요하게 고려하고 있다. 이상의 논의를 통해 칸트 윤리학에서 이성으로 대표되는 남성적 도덕성과 감정으로 대표되는 여성적 도덕성은 도덕적 실천의 맥락에서 볼 때 상호 보완될 수 있다는 점을 확인할 수 있다.

이러한 논의들은 기존 여성주의적 시각에서 이야기하는 칸트 철학에 대한 비판을 잘 반박하고 있다. 무엇보다도 기존의 비판 시각은 칸트의 철학을 파편화시켜 왜곡된 해석을 하는 경향이 있었다. 물론 칸트의 여러 저서에 나와 있는 가부장적 표현들은 그 표현만으로도 인간으로서의 칸트와 그의 철학이 가진 한계를 보여주긴 하지만, 이것은 어디까지나 용어의 문제일 뿐이다. 칸트에 대한 실질적 비판을 위해서는 그의 사상을 전반적으로 이해하고 있어야 한다.

그렇다고
다 옳다는 건 아니고

하지만 반박 입장을 받아들이더라도 칸트의 철학은 여성 차별적이라는 평가를 벗어나기는 어려워 보인다. 칸트가 주장한 것이 남성성과 여성성의 통합과 조화라고 해도, 무엇이 더 우월한가에 차이를 두었다는 사실은 명백하기 때문이다. 감성적인 경향성도 물론 필요하지만 결국 가장 중요하고 우월한 것은 이성적 판단이며, 감성적인 것, 즉 여성적인 것은 보조하는 위치에 그칠 뿐이라는 것이다.

또한 단순히 칸트 저서의 논의에 남성과 여성의 차별이 두드러지지 않았다고 해서 그가 남녀평등을 인식하고 염두에 두었다고 볼 수는 없다. 칸트는 분명히 여성의 위치나 역할을 남성의 부수적인 존재로 치부하는 태도를 가지고 있었고, 이것이 드러나지 않는다고 해도 그가 강조하는 긍정성, 우월성이 어떠한 성별에 부여되어 있는지 추정할 수 있다. 또한 남성인 칸트가 남성과 여성을 이분법적으로 나눈 것은 굉장한 오만한 행위이고, 사람들의 성별 의식에 고정관념을 부여할 수 있다는 점에서 문제가 된다.

칸트 철학의 재구성

칸트의 세계시민과 여성

그렇다면 여성주의는 칸트 철학으로부터 어떠한 시사점도 얻지 못하는 걸까? 자율성과 실천, 존엄성, 도덕성, 이성적 존재로서의 인간, 자유롭고 평등한 시민, 이성의 공적 사용, 세계시민 등 칸트의 여러 아이디어를 여성주의 시각에서 이해하고 재구성할 수 있을까?

칸트의 사상이 여성주의적 측면에서 많은 한계를 드러내고 있긴 하지만, 그럼에도 불구하고 참고할 만한 요소가 있다. 이제부터 칸트 철학을 여성주의 시각에서 재구성하여 시사점을 얻고자 한다. 그중 면밀하게 검토해보고자 하는 개념은 칸트가 《영구평화론Zum ewigen Frieden》에서 언급했던 '세계시민'의 개념이다. 앞선 질문에 대하여 의미 있는 대답을 할 수 있다면, 새로운 여성주의적 통찰력을 획득하고 과거와 현재 간의 의지 및 사고의 통합, 그리고 실천적 지성을 얻을 수 있다.

칸트에게 세계시민은 지금, 여기 우리 안에 늘 존재하는 실체이다.《'계몽이란 무엇인가' 라는 질문에 대한 답변Beantwortung der Frage: Was ist Aufklärung?》에서 이를 확인할 수 있다.

계몽을 위해서는 자유 이외의 다른 어떤 것도 필요하지 않다. 이때의 자유는 자유 중에서도 무해한 자유, 모든 측면에서 이성을 공적으로 사용할 수 있는 자유이다. (중략) 도처에 자유에 대한 제한이 존재한다. 그렇다면 어떠한 제한이 계몽에 장애가 되고 어떤 것이 계몽을 촉진시킬까? (중략) 이성의 공적인 사용은 언제나 자유롭지 않으면 안 된다. 이성의 공적인 사용만이 인류에게 계몽을 가져다줄 수 있다. 이성의 사적인 사용은 종종 매우 좁게 제한된다. (중략) 이성의 공적 사용이란 어떤 사람이 배우는 사람으로서 독서계(reading public)에게 주장을 펼치는 경우이다. 이성의 사적인 사용은 어떤 정부 관직이나 업무에서 이성을 사용하는 경우를 말한다. 특정 공동체의 이해가 걸려 있는 문제들은 어떤 체계를 필요로 하는데, 정체의 성원들은 이에 순응해야 한다. 사람들은 인위적 합의에 따라 공적 목적을 위해 정부가 부과하는 바를 수행해야 한다. 이런 경우 개인의 주장은 허용되지 않으며 복종만이 허용된다. 그러나 기계 장치의 일부처럼 행동하는 개인들이 완전한 세계시민사회의 일원으로, 대중 앞에 자신의 의견을 개진하는(이성을 공적으로 사용하는) 사람이 된다면 그는 진정으로 자신의 주장을 펼칠 수 있게 될 것이다.

《'계몽이란 무엇인가' 라는 질문에 대한 답변》

이 인용은 표현은 조심스럽지만 뼈 있는 주장을 담고 있다. 먼저 조심스럽다고 말한 이유는 국가의 업무에 관한 수동적인 입장과 복종의 필요성을 필요 이상으로 강조하고 있기 때문이다. 위 대목을 썼던 시점은 프랑스 혁명 이전이었고, 따라서 칸트가 원한 공화제는 존재하지 않았다. 그는 당대의 국가 체제에 대해 불만이 많았으며 후에 그가 프로이센 군주제로부터 집필 관련 제재를 받기도 했다는 사실은 널리 알려져 있다.

칸트가 분명하게 표현한 그의 핵심 사상은 국가 등 특정 공동체의 공무 수행에 사용되는 이성은 사적이고 협소하게 제한될 수 있다는 것, 그리고 이성을 공적으로 사용할 때 그가 누구든 완전한 공동체 또는 세계시민사회의 일원이 된다는 것이다.

공무 수행을 사적인 이성 사용으로 보았다는 점에서 이 주장은 매우 파격적이고 대담하게 보인다. 국가의 공무 수행을 이성의 사적 사용에 불과하다고 단언해 버린 근간에는 국가에 대한 날카로운 비판 의식이 있다. 칸트는 조국인 프로이센보다 훨씬 민주적이고 진보적이었던 영국의 입헌 군주제조차 지극히 자의적인 체제라고 비판했다. 심지어는 이후 그가 동조했던 프랑스 혁명의 진행 과정에서 드러난 비참함과 혁명 국가가 보여준 잔혹함에 대해 냉정하게 평가하기도 했다.《영구 평화론》에서 제시한 여섯 가지 예비 조항—비밀

조약 금지, 타국 점유 금지, 상비군 폐지, 국가 간 분쟁 관련 국채 폐지, 내정 폭력 간섭 금지, 섬멸전이나 암살 등의 파국적이고 비열한 전쟁 수단 금지—은 칸트가 경험한 당시 국가 간의 관계에서 기인했다. 이러한 국가의 모습은 오늘날에도 근본적인 차원에서는 달라지지 않았다.

그러나 칸트는 오직 세계시민사회의 단계에 도달해야지만 이성의 공적 사용이 가능하다는 식으로 말한 것은 아니다. 그는 그렇게 단계적으로 생각하지 않는다. 앞서 언급했듯이 '세계시민사회'는 '완전한 공동체A complete commonwealth'와 병렬한다. 이 병렬의 의미는 무엇일까?

우선 칸트는 세계 공화국이 아닌 개별 공화국 간의 평화 연맹 또는 만민 연맹을 제안했다. 그 이유는 세계 국가가 실현 불가능한 이상이기 때문이라기보다는 세계 국가의 형성이 개별 공동체의 자유 상실로 귀결될 것을 우려했기 때문이다. 그가 말하는 '완전한 공동체'란 시민들 간의 본원적 계약에 입각한 완전히 정당한 시민적 정치 체제이지, 세계 국가를 의미하는 것이 아니다. 또한 완전한 공동체는 공동체 간의 평화 연맹 또는 만민 연맹으로 결속되어 영구 평화를 유지하고 있는 사회에 가깝다. 이렇게 보면 세계시민사회란 개별 시민 사회의 밖에 있는 것이 아니라 완전한 시민적 정체들의 세계적 공존 체제라고 할 수 있다.

칸트는 '완전한 공동체' 또는 '완전히 정당한 시민적 정치 체제'를 매우 강조한다. 그리고 이러한 체제의 유지를 위해 법이 지배하는 국가 간의 외적 관계Law-governed external relationship with other states, 즉 만민 연맹의 정착이 필수적이라고 본다.

여기서 완전한 정치 체제와 영구 평화를 위한 세계 체제는 서로를 전제한다. 이 때문에 '이성을 공적으로 사용할 때 그가 누구든 완전한 공동체 또는 세계시민사회의 일원'이라고 말했던 것이다. 이러한 관점에서 보면 그가 이성의 사적 사용이라고 말했던 '국가라는 기계 장치 속의 수동적 순응'이란 완전하지 않은 정체 속 공직자의 한계를 지적하는 우회적이지만 강력한 체제 비판임을 알 수 있다. 완전한 정체 속에서 시민은 이성의 공적 사용에 제한을 받지 않는다. 또한 이처럼 이성을 공적으로 사용하는 시민은 동시에 세계시민사회의 일원으로서 사유하고 행동하는 것이다.

칸트는 이성의 공적 사용이 먼 미래에나 이루어질 이상이라고 보지 않았다. 이는 지금도 이루어지고 있다. '이성의 공적 사용 속에서 완전한 정체 또는 더 나아가 세계시민사회의 일원이 된다'는 말을 잘 이해해보면 평이하고 상식적이라 할 수 있다. 이성의 공적 사용은 사익에도, 국익에도 갇히지 않는다.

예를 들어 많은 사람들이 기본권 보장을 지지한다. 이러한 판단의 근거는 '나한테 좋은 일이어서' 혹은 '국익에 부합하는 일이어서' 같은 사적인 이유를 뛰어 넘는다. 크고 깊은 이유 없이 인간의 기본권을 제약하는 특정 체제의 이익이란 정당하지 못하다고 생각하기 때문이다.

위와 같은 몇 가지 단편적인 경우에서도 이성의 공적 사용은 칸트가 말한 '이성의 협소한 또는 사적 사용'과 날카롭게 대립하면서 분명히 작동하고 있다. 칸트가 말한 '완전한 시민적 정체'와 '세계시민사회'는 공적으로 사용되는 현장에 이념적 계기로서 존재하고 있다. 이 단편적인 경우에서 드러나듯 그러한 판단 속에서는 '완전한 시민적 정체'와 '세계시민사회'를 별개로 생각하는 것이 오히려 부자연스럽다.

오늘날의 흐름

오늘날 세계시민사회 논의의 주된 흐름은 오히려 칸트의 사고와 반대된다. 먼저 세계시민사회 개념 도입에 반대하는 학술적 보수주의의 시각에서 세계시민사회란 세계 국가 없이는 성립할 수 없고, 심지어는 생각조차 할 수 없는 개념이다. 국가 중심으로 세계를 보기 때문이다. 이 관점에서 시민 사회란 국가가 있기에 존재할 수 있을 뿐이다.

반대로 세계시민사회 개념 도입에 적극적인 시각에서는 이를 국민 국가의 국경 안에서 성립할 수 없는 것으로 보기도 한다. 세계시민사회란 국경 밖, 또는 국경을 오가는 움직임들 속에 존재할 뿐이다. 세계시민사회가 국가의 폐쇄된 울타리 안에 존재할 수 없다고 보는 것이다. 이러한 흐름은 국민 국가의 정치 체제, 대의 체제에 강하게 회의하고 부정하는 경향이 있다. 이 논자들 중에는 칸트주의를 표방하는 사람이 많다. 이들은 '세계시민적 목적'이 개별 국가 차원에서는 성취될 수 없고, 세계시민사회상想은 오직 국경을 넘어 확장하고 발전할 때에서만 구체화된다고 주장한다.

그러나 이러한 주장들은 칸트의 생각과는 크게 다르다. 오히려 개별 국가, 혹은 개별 시민 사회 차원에서 세계시민사회의 이념적 계기가 온전히 구현되는 상태가 칸트가 말하는 완전한 시민적 정체, 또는 완전한 정체, 또는 세계시민사회이다. 국익이나 사익을 초월해 이성이 공적으로 사용되는 완전한 시민적 정체 속에서는 이성의 공적 사용이 온전히 발현된다. 공적 의제와 정책에서의 공공성은 '진정한 의미에서의 공중public'으로 인해 발전하고 실현된다. 오늘날에는 세계 국가를 만들자는 국가 중심주의나, 아예 국가를 해체하고자 하는 입장 두 가지로 나뉘어서 세계시민사회 논의가 진행되고 있다. 그러나 이와 달리 칸트가 말한 세계시민사회는 국가의 통합 혹은 해체와는 관계없이 이성의 공적 사용이 일어나는 사회, 그것을 세계시민사회로 보고 있을 뿐이다.

칸트의 세계시민사회론에서 개별 시민 사회가 단계적으로 발전해 세계시민사회가 되는 것이 아니다. 그 둘은 병존한다. 문제는 이성의 공적 사용에 달려있을 뿐이다. 이런 시각에서 보자면 현재 개별 시민 사회는 존재하지만 세계시민사회는 아직 존재하지 않는다는 식의 발언은 잘못되었다. 이러한 단계론적 사고는 칸트가 말한 이성의 사적 사용과 공적 사용의 구분을 이해하지 못했거나, 개별 국가적 공공성을 넘어선 세계시민적 공공성을 불가능한 개념으로 간주한 것이다. 칸트에게 세계시민사회란 늘 지금 여기에 존재하는 것이다. 우리가 이성을 공적으로 사용하는 바로 그 순간에 말이다.

여성주의의 복수

여성이 이성의 공적 사용을 통해 세계

시민으로서 행위를 할 수 있다는 것은 어렵지 않은 생각이다. 어쩌면 세계시민이 될 가능성은 남성보다 여성에서 더 높을 수도 있다. 남성과 여성의 지적 능력에 차이가 없다는 것이 이미 밝혀졌고, 인내력에 있어서 여성이 남성보다 평균적으로 뛰어나다는 연구도 있기 때문이다.

굳이 이런 연구 결과가 아니더라도 여성이 남성과 대등한 세계시민이라는 점에 동의하지 않는 사람은 없을 것이다. 하지만 여전히 잘 보이지 않는 굴레가 여성들에게 씌워져 있다. 이러한 굴레들은 여성들이 진정한 세계시민이 되는 것을 방해한다. 꾸밈 노동 및 외모에 대한 불합리한 사회적 압력을 비롯해 곳곳에 존재하는 차별과 혐오가 바로 그것이다.

우리의 삶을 불공평하고 부적절하게 만드는 굴레를 벗어 던지기 위해서는 여성들이 주체적으로 무엇이 그들의 '숭고함'을 가로막는지 자각할 수 있어야 한다. 그리고 남성들은 이러한 불합리성을 발견하고 제거하려는 노력을 해야 한다. 여성이 굴레를 벗는 것은 곧 남성을 포함한 인류 전체의 해방과 같기 때문이다.

이에 더해 여성주의가 칸트의 세계시민 개념에서 찾아낼 수 있는 또 다른 시사점은 바로 그의 세계시민 개념이 기존에 통용되던 국제 질서의 패러다임에서는 찾기 어려웠던 대안이라는 데에 있다.

기존의 국제 사회를 바라보는 패러다임은 보통 현실주의나 자유주의이다. 쉽게 말하자면 둘 다 철저히 국가가 주체가 되는 국제 사회를 상정하고 있다. 이에 반해 칸트의 세계시민 개념에서 국제 사회를 주도하는 사람들은 이성의 공적 사용을 하는 시민들로 구성되어 있는 자유로운 정체이다. 비록 칸트가 세계시민의 개념에 여성들을 포함시킬 의도가 있었는지 없었는지는 잘 모르겠지만, 칸트의 세계시민 개념이 오늘날의 사회의 경종을 울리는 사상이며, 이를 여성주의가 이용할 수 있다는 것은 명백한 사실이다. 여성주의는 기존의 남성 중심적 학문이 제시하지 못했던 길을 제시하는 방식으로 확장될 수 있다.

오늘날 세계는 고립의 상황에 처해 있다. 트럼프의 당선, 영국의 브렉시트, 동유럽 국가들 내의 극우 정치 지도자 등장, 독일, 프랑스 극우 정당의 득세 등은 세계적으로 협력과 조화의 퇴색과 시민들 개개인의 이성적 사유 약화를 드러낸다. 그리고 상황에서 불필요한 갈등을 해소하고 평화적인 방향으로 국가를 이끌기 위해서는 국가 내에 살고 있는 사람들의 이성이 공적으로 사용되어야 한다. 이러한 이성의 공적 사용이 진가를 발휘하기 위해서는 성별에 한정하지 않고 많은 시민들의 동참이 필요하다.

여성주의는 칸트의 세계시민과 같은 흐름을 여성으로부터 만들어고 확대시킬 수 있다. 여성을 배제한 칸트에게 가장 큰 벌은 그들이 자신의 철학을 이용해 승승장구하는 일일 것이다.

루소에게 묻다

🎤 《에밀》에서 여성인 소피와 남성인 에밀의 교육 목표는 다르며, 이는 이상적인 여성상과 남성상에 맞춰 그들을 교육해야 하기 때문이라는 것이 당신의 주장입니다. 그러나 이것은 우열의 문제로 비춰지기도 합니다. 이러한 문제를 탐구하다 보면 '루소의 근대적 인간에 여성은 포함되는가' 하는 의문이 듭니다.

📢 《불평등기원론》을 통해 이미 제가 규정한 인간의 조건에 양쪽 성별 모두 포함된다는 것을 충분히 드러냈다고 생각합니다. 그러니 저의 저작 중 한 작품을 근거 삼아 제가 여성을 타자화하는 등 성차별적 시각을 가지고 있다고 평가하는 것은 조금 불쾌합니다. 저작물은 한 가지 시각만으로 평가될 수 없습니다.

그리고 저는 《에밀》을 통해 누구도 말하지 않았던 통찰력 있는 시각을 제시했다고 생각합니다. 또한 당연히 '근대적 인간'에는 여성도 포함됩니다. 혁명의 유산을 여성도 함께 누리고 있지 않습니까?

🎤 함께 누렸다기에는 분명한 시차가 존재합니다. 게다가 여성은 혁명의 유산을 누리기 위해 혁명 이후에도 끊임없이 투쟁해야 했습니다.

말씀하셨듯 철학자의 사상이 집대성된 저작을 하나의 시선, 하나의 기준으로만 보는 것은 위험할 수 있다는 점을 인정합니다. 그러나 같은 논리로 보자면 당신이 높은 통찰력을 보여주고 인류 지성의 지평을 열어주었다고 해서 여성 혐오와 비하, 타자화의 문제를 잊은 채 찬사만을 보낼 수는 없습니다.

여성을 타자화하는 것 역시 혐오의 일종이라고 보는 시각도 있습니다. 여성의 삶을 경험해보지 않고 그들의 삶을 오해하고 왜곡한 문장들이 이 시대에도 여전히 남아 있습니다.

🔊 　이 글을 읽는 이들 역시 제가 살아온 시대를 경험하진 않았을 테지요. 혁명 이전을 살았던 사람과 혁명 이후를 산 사람은 다를 수밖에 없습니다. 혁명이란 말 그대로 기존의 제도, 가치관, 사상 등과 단절되고 완전히 새로운 사고로 전환되는 것입니다. 혼란스럽지만 겪고 나면 이전으로 다시는 돌아갈 수 없지요.

　그리고 사상가는 모든 것을 경험하고, 그 경험을 생각을 정리하는 것이 아닙니다. 모든 경험이란 불가능할 뿐 아니라 불필요한 것입니다. 사상가는 자신의 경험과 삶 이상, 아니 그와 분리된 생각을 내놓을 수 있어야 합니다.

● 송 샘

칸트에게 묻다

🎙 당신은 '세계시민' 개념을 제안했습니다. 동시
에 자연적인 우위성에 오는 불평등이라면 그것은
문제가 되지 않는다는 주장도 했습니다. 더 정확
히 말하자면 남성이 명령하고 여성이 복종할 때,
이러한 지배가 남성의 자연적 우위에 의한 것이라
면 평등에 위배되는 것으로 볼 수 없다고 하셨죠.
두 생각이 양립한다고 가정한다면 당신이 인류,
인간으로 표현하며 성별로 구분하지 않은 세계시
민 개념에 여성은 배제된 것처럼 보입니다. 인류,
인간이라 쓰지만 남성이라고 읽힙니다. 이러한 해
석이 오독일까요?

📣 사실 저만큼 사상과 저작물이 잘못 읽
히는 철학자도 드물 것이라 생각합니다. 제 사
상이 많은 이에게, 그리고 시대에 영향을 미쳤

다는 것은 감사한 일이지만 저는 여전히 오독되고 있는 철학자이기도 합니다.

저는 성별보다는 이성과 지성이 세계시민이라는 개념에 더 중요하게 작용한다고 생각합니다. 다른 사람과 소통하며 진리를 파악할 수 있는가가 더 중요합니다. 그렇다면 세계시민이 될 수 있겠죠.

솔직히 말하자면 제가 살던 시대에 인류라는 표현은 남성을 의미했습니다. 이 역시 현대의 시각에서는 여성 혐오나 불평등으로 읽힐 수 있을 것으로 생각됩니다.

🎤 저는 성별로 이성과 감성을 일반화할 수는 없다고 생각합니다. 하지만 당신은 여성은 감성적인 존재로, 남성은 이성적인 존재로 규정하고 있습니다. 교육과 사회 진출에 대한 기회가 동등하게 주어졌다면 그 다음은 개인의 역량에 달린 문제겠지만 근대의 여성들에게 기회가 동등하게 부여되었던 것은 아닙니다. 이러한 상황에서 지성과 감성

을 성별의 특성으로 일반화해 규정하는 것은 문제
가 있다고 생각합니다. 더구나 성별에 따라 단일
의 특성을 가지는 것이 아니라 개인마다 다르다는
점도 간과하고 있습니다.

◀» 이 점은 인정해야겠군요. 말씀하신대
로 여성에게 교육의 기회가 없었다면, 그리고
드물게 교육을 받았다 하더라도 그것을 표현
할 기회가 없다면 그것을 성별에 따른 능력의
문제로 볼 수는 없겠죠. 저는 감성보다 이성을
중시하는 사람이지만 이것이 교육의 기회를
동등하게 누리지 못하여 발생한 차이라면 이
문제에 대해 다시 생각해 봐야겠네요. 성별이
아니라 개인을 보라는 말을 들으니 제 과거 발
언에 대해 더 생각이 많아지네요.

근대편

●송 샘

밀에게 묻다

🎙 여성의 참정권 인정을 위해 노력하셨기 때문에 최초의 남성 페미니스트라고 불리고 있습니다. 당시에도 그랬지만 이 시대에도 페미니즘과 페미니스트는 논쟁적인 주제입니다. 남성으로서 성차별 이슈를 제기하면서 수많은 비난을 받았지만 멈추지 않고 행동할 수 있었던 이유는 무엇입니까?

📢 제가 생각하기에 인류의 마지막 사슬은 여성을 옭아매는 성차별의 사슬입니다. 그런데 이 사슬이 다른 남성들에게는 잘 보이지 않았나봅니다. 불평등을 직접 겪고 있는 여성들도 이를 인지하지 못하는 경우가 많았습니다. 부정한 일을 알고도 모르는 체 할 수는 없었습니다.

페미니스트는 남성의 적이 아닙니다. 페미니

즘이 남성에게 해가 되는 것도 아닙니다. 《여성의 종속》에서 밝혔듯 억압의 사슬은 남성에게도 해를 끼치고 있습니다. 따라서 저의 행동은 남성을 위한 일이기도 했습니다.

철학자는 예민한 시각으로 세상을 바라보기 때문에 인간을 얽매고 있는 사슬을 가장 먼저 발견할 수밖에 없다고 생각했습니다. 하지만 실제 철학사는 저의 기대와는 달리 뿌리 깊은 여성 혐오의 역사를 가지고 있고 심지어는 이러한 혐오의 사슬을 정교하게 만든 철학자들도 있었음을 부정할 수 없지요.

성평등을 위해 노력하셨다는 것을 알지만 이 질문은 불가피하다고 느껴집니다. 해리엇과의 작업물이 전부 당신의 이름으로만 남았다는 사실에 대해 어떻게 생각하십니까?

그건 사실 제 잘못입니다. 같이 토론을 하며 정리한 내용이었는데 제 이름으로 출간

되다 보니 후대에는 이렇게 남고 말았습니다. 책의 서문에 해리엇과 논의한 내용임을 밝혔지만 공동 저자로 진행하지 않았으니 비판받을만합니다. 해리엇에게도 미안한 일입니다.

🎤 또한 여성의 삶을 위해 목소리 내셨지만 정작 어떠한 저작물에서도 당신의 어머니를 찾아볼 수 없다는 점 역시 많은 분들이 의아하게 생각하는 부분입니다.

📢 사실 제가 《여성의 종속》을 쓰게 된 데에는 어머님의 영향이 컸습니다. 아버지는 아들, 딸을 차별하지 않고 자녀 교육에 힘쓰셨지만 어머니에게는 기회를 주지 않으셨습니다. 만약 제가 살던 시대가 평등해 어머니에게도 교육의 기회가 있었다면 아마 아주 다른 삶을 살 수 있었을 텐데……. 안타깝게 생각합니다. 어머니가 살던 시대, 해리엇과 제가 살았던 시대, 제 딸 헬렌과 그의 자손들이 앞으로 살아갈

시대는 달라야 한다고 생각합니다. 그리고 지
금도 달라지고 있을 것이라 믿고 있습니다.

∽— 현대 —∾

혐오와 폭력

19세기의 시대정신과 비시대정신

김윤희

성별에 따른 역할은 어떻게 시작되었나

일반적으로 여성관과 여성주의를 논할 때 프리드리히 니체Friedrich Wilhelm Nietzsche는 여성 혐오주의자, 자크 데리다Jacques Derrida는 니체의 문체를 재해석한 여성주의자로 간주된다(반대로 니체와 같이 여성 혐오자로 분류하는 학자들도 있다). 왜 이렇게 평가하는 것일까? 이러한 평가는 타당할까? 철학자의 여성관(혹은 가치관)은 그가 겪은 시대정신 및 상황과 개인사 중 어디에서 더 큰 영향을 받을까?

1844년에 태어나 1900년에 생을 마감한 니체는 19세기 철학자다. 17~18세기에 걸쳐 전파된 계몽주의에도 불구하고, 니체가 활동하던 19세기에 이르기까지 여성은 여전히 자유정신을 함유한 진정한 근현대인으로서의 지위를 인정받지 못했다. 20세기 중반에 와서야 사회 각 분야에서 여성이 남성과 비교적 동등한 대우를 받기 시작했을 뿐, 그전까지는 대부분의 여성들이 자신의 능력과는 관계없이 사회적으로 소외되었다. 계몽 운동과 함께 여성의 인권도 신장될 것이란 기대와는 달리, 19~20세기 제국주의 시대의 산업 혁명과 전쟁은 오히려 고정된 성 관념과 여성 편견을 심화시켰다.

　　미셸 푸코Paul-Michel Foucault는 그의 저서 《성의 역사L'Histoire de la sexualité》에서 19세기 중반부터 20세기 초를 아울러, 현대 사회까지도 영국 빅토리아 왕조의 관습이 지대한 영향력을 행사한다고 지적한다. 빅토리아 시대는 영국의 알렉산드리나 빅토리아 여왕Alexandrina Victoria Ha-nover이 통치하던 19세기(1837~1901년)를 일컬으며, 제국주의 시대의 근간이라 할 수 있다.

　　빅토리아 여왕 치하의 대영 제국은 산업 발전과 세력 확장을 구가하는 공업국인 동시에 선진 근대국가로서 번영했다. 제국주의가 도래한 원인으로는 자본주의와 적대적 민족주의, 이렇게 두 가지 견해가 있지만 강대국들이 자신의 막강한 힘을 바탕으로 후진 지역을 침략해 식민지로 만들던 지배 이데올로기라는 것에는 이견이 없다.

제국주의 시대에는 강대국 간, 그리고 강대국과 식민지 간에 침략 전쟁과 식민지 쟁탈전이 빈번하게 발생했고, 각 국가의 국민들은 거의 한 세기를 전쟁의 긴장 속에서 보냈다. 더욱이 프랑스 혁명으로 인한 민주 사상이 전파되었기 때문에 19세기는 끊임없는 계급 갈등과 투쟁의 연속이었다.

제1차, 제2차 세계 대전의 영향으로 팽배했던 군대 문화는 상명 하복의 체제로 무리의 집단성과 획일성, 계급성을 설정해 사회를 유지할 기틀을 갖췄다. 그리고 이렇게 군대식 문화에서 기인한 가부장제와 고정된 성 관념은 전장에 나가는 강인한 남성과 그러한 남성 소유의 액세서리 같은 조신한 여성이라는 사고를 고착화시켰다. 고정된 성 관념은 남녀 모두를 편견에 가뒀다. 르네상스 시대까지만 해도 계급 과시를 위해 보편적으로 표현되던 남성의 화려한 치장과 꾸밈이 19~20세기에는 남자답지 못한 것으로 여겨지고, 사회적으로 전사적인 남성성이 강요됨에 따라 남성들은 이전까지는 용인되었던 미적 본성을 억눌러야만 했다. 패션 역사학자 브렌트 섀넌Brent Shannon은 19세기 말을 "남성들의 대금욕 시대Great Masculine Renunciation"라고 칭했다. 반면 당시 여성을 바라보는 틀은 가족 단위에서의 결혼과 임신이었다. 그리고 이렇게 조장된 이미지는 여성을 억압하는 도구로 사용되었다. 여성들은 경제적·법적 권리를 갖지 못하고 오로지 가정의 수호자의 역할을 다할 뿐이었다.

개인사의 반영,
니체의 뮤즈들

19세기의 시대관에 더불어 니체는 여성이 본능적으로 남성에게 의존한다고 생각했다. 그는 여성 계몽을 부르짖는 여성 해방론자들의 시도를 유럽의 안정된 질서, 더 나아가 여성의 본성을 붕괴시키는 징후로 여겼다. 당시 남성의 관점에서는 여성이 계몽을 통해 스스로를 논리적·과학적으로 노출할 경우, 그동안 남성 덕분에 가려졌던 여성의 오만함, 음탕함, 경박함이라는 본질적 특성이 드러나 도리어 해를 입을 것이라 생각했기 때문이다. 그동안은 남성이 가하는 억압이나 여성이 남성에게 느끼는 두려움이 여성의 부정적인 성질을 감춰주어 그들의 부끄러운 면모를 적나라하게 내보이지 않을 수 있었다는 것이다.

하지만 그의 복잡한 여성관과 개인사는 그가 단순히 여성 차별(혹은 혐오) 주의자는 아님을 보여주고 있기도 하다. 예컨대《자라투스트라는 이렇게 말했다Also sprach Zarathustra》중 〈늙은 여자와 젊은 여자에 대하여〉에서 "여자에게 갈 때는 회초리—채찍이나 몽둥이로 해석되기도 함—를 잊지 마라"라는 니체의 말은 단순한 여성 혐오 같지만, 그의 개인사를 고려했을 때 이는 성차별에서 비롯되는 혐오가 아니라 자신에 대한 강박적인 의무감과 혐오, 더 나아가 고정된 성 역할에 대한 거부감이 발현된 것이라고 볼 수 있다.

아버지와 사별한 다섯 살 이후, 니체는 일생 내내 여자들(할머니, 어머니, 두 명의 고모, 여동생, 하녀)과 함께 자랐다. 그는 선천적으로 건강하지 않은 신체와 날카로운 감수성을 지닌 사람이었다.《이 사람을 보라Ecce Homo》에서 니체는 어머니와 여동생 엘리자베트Elisabeth Nietzsche를 자신의 신성함에 대립하는 상스러운 천민들로 묘사한다. 니체에 대한 두 여인의 태도가 니체에게는 형언할 수 없을 만큼의 공포를 주었다는 점에서 셋의 관계가 좋지 않았음을 알 수 있다. 열네 살이 되었을 때 니체는 여성들로부터 탈출하여 나움부르크 근처의 기숙명문학교 슐포르타에 입학했다. 고전 인문학 교육으로 유명하고 군대식 규율이 적용되는 엄격한 슐포르타에서 니체는 고전 그리스 로마 문학과 강인한 남성성을 배울 수 있었다. 니체는 인생에서 가장 인상 깊었던 두 가지로 아버지의 죽음과 슐포르타 입학을 꼽는다. 여성에 둘러싸인 채 성장한 그에게 '남성적인 감성'을 불어넣은 소중한 기회였기 때문이다.

니체는 절대 가치에 의해 나약해진 유럽인들을 고전 문학 속 고대 그리스인의 건강한 삶과 모습으로 되돌려놓는 데에 철학적 뿌리를 갖는다. 니체는 절대 가치에 의한 개성 없는 평등은 인간의 위선이 전체주의를 목적으로 만들어 낸 거짓 개념이자 궁극적인 타락의 길이라고 생각했다. 약육강식과 적자생존의 법칙이 만연한 만물이 그러하듯, 힘세고 큰 개체가 약하고 작은 개체를 잡아먹는 것은 균형을 위한 자연의 이치다. 하지만 인간 세계에서는 이러한 원리가 적용되지 않는다. 힘세고 영리한 사람(Übermensch, 위버멘쉬, 초인이라고 해석할 수 있다)이 무리를 이끄는 지도자가 되는 것은 자연적으로 당연한데, 인간이 만든 부富와 종교, 법의 테두리에서는 부도덕하다며 배척을 당한다.

니체는 인간을 넘어서는 강인한 초인(니체에게 초인이란 파괴가 아닌 창조적인 힘을 가진 존재이다)이 모든 것(예컨대 여자나 사냥 전리품)을 차지하는 것을 질투한 사람들이 초인보다 위대하지만 눈에 보이지 않는 초자연적인 존재인 신을 만들어 냈다고 주장한다. 누구든 초인이 될 수 있다는 평등한 종교 앞에서 초인은 자신의 힘을 잃어버리고 성직자들의 권위는 높아져 갔다. 일신교 사고방식의 기성 서구 사회는 무의미한 종교 권력 싸움으로 번질 뿐 올바른 지도력이 부재했고, 이에 비판적이었던 니체는《자라투스트라는 이렇게 말했다》에서 "신은 죽었다!Gott ist tot!"고 선언하며 개인의 주체성과 초인의 복귀를 외쳤다.

이제 그는 리하르트 바그너Wilhelm Richard Wagner에게 희망을 걸었다. 그리스 신화의 영웅처럼 위엄 있는 바그너의 오페라가 게르만 민중들을 통합하는 역할을 할 것이라 기대한 것이다. 니체가 바그너를 좋아한 이유는 그가 음악가이면서도 철학적 깊이가 깊었기 때문이다. 특히《비극의 탄생Die Geburt der Tragödie》은 거의 바그너에게 바치는 책과 같았다. 니체는 단지 추종에 그치지 않고 바그너와는 다른 방식으로 자신의 사유를 풀어냄으로써 새로운 철학의 새 지평을 열었다. 하지만 바그너가 기독교에 관심을 보이면서 니체는 바그너와의 인연을 끊고《니체 대 바그너Nietzsche contra Wagner》를 통해 그를 비판했다.

바그너가 니체 철학의 메인 재료라면 화룡점정은 아르투어 쇼펜하우어Arthur Schopenhauer다. 니체가 스스로 밝혔듯 그를 철학으로 이끈 장본인은 칸트 사상을 비판적으로 계승한 쇼펜하우어였다. 니체는 헌책방에서 우연히 집어 든《의지와 표상으로서의 세계Die Welt als Wille und Vorstellung》로부터 큰 영감을 얻었다. 삶에 대한 맹목적인 의지를 의미하는 쇼펜하우어의 '생의 의지' 개념은 실재하는 것은 결국 강해지고자 하는 의지라는 초인의 '힘(권력)'에 대한 의지'로 연결된다. 혹자는 그가 쇼펜하우어의 여성관을 닮아 여성 혐오의 성향을 가지게 된 것이 아닌지 추측하기도 한다.

바그너와 쇼펜하우어 외에 니체의 사상과 가치관을 확립시키고, 이를 바탕으로 글이 저술되기까지 영향을 준 인물로는 루 살로메Lou

Andreas-Salomé도 있다. 지크문트 프로이트Sigmund Freud, 라이너 마리아 릴케Rainer Maria Rilke 등 여러 거장의 마음을 사로잡은 루 살로메는 당시로서는 보기 드문 자유로운 여성이었다. '절대가치란 없다!'는 니체의 주장은 루 살로메를 관찰하며 나온 말일 수도 있다. 생물학적 구분인 섹스Sex와 사회적 구분인 젠더Gender의 고정된 전통 가치를 뒤엎는 반증의 실례가 니체와 살로메이기 때문이다.

단편적으로 생물학적 측면에서 여성과 남성은 임신과 출산의 차이를 기점으로 구분되며, 젠더의 측면에서 사회 활동과 가정에서의 위치, 적극성과 소극성, 독립성과 의존성 등으로 성별이 구분된다. 살로메는 여성에게 똑같은 역할을 요구하는 시대와 선천적인 특성만이 부각된 여성의 운명을 거부하며 결혼도, 임신도, 출산도 하지 않았다. 하지만 그는 자신의 삶을 선택할 수 있는 능력 있는 여성을 주창하면서도 여성이 스스로를 가장 잘 완성시키는 곳은 가정이라고 생각했다. 그럼에도 그녀는 압력과 강요에 따라 행동하지 않고 독립적으로 살았으며, 오히려 여성으로 태어난 것을 자랑스럽게 여기고 행운이라 생각했다. 시대상을 비판적으로 해석하고 주체적으로 수용한 것이다.

니체는 초인의 강인함을 더욱 강조하는 "남성적인 느낌의 철학"과는 반대로 실제로는 예민하고 소심한 성격과 건강하지 않은 신체, 여성에 의탁하여 지낸 유년 시절, 루 살로메에 대한 사랑의 실패로 인해 방황과 괴로움, 광기에 빠진 상태로 지냈다. 극심한 두통과 구토 증세로 교수직까지 내려놓으며 니체는 쇠약하고 황폐해져 갔다. 살로메와 니체가 당시 사회가 요구하는 여성, 남성의 상징과는 거리가 멀었다는 사실로 인해 그들은 소위 '남성스러운 여성', '여성스러운 남성'의 예시로써 여겨지기도 한다.

니체는 정말
여성 혐오주의자인가?

니체와 당대의 페미니즘

여성에 관한 니체의 자극적이고 잔인한 어록들은 사람들로 하여금 그가 여성 혐오주의자라고 생각하게 만든다. 니체의 저서──《선악의 저편: 미래 철학의 전주곡Jenseits von Gut und Böse: Vorspiel einer Philosophie der Zukunft》,《자라투스트라는 이렇게 말했다》,《이 사람을 보라Ecce Homo》 등──를 통해 그를 여성 혐오주의자 혹은 여성 차별주의자라고 볼 수 있을지 생각해 보자!

1886년에 쓰인《선악의 저편》에서 니체는 남성을 소위 '불임 동물'이라고 칭하며, 학문에 호기심을 가진 여성은 남성적 취미를 가졌다는 이유로 성적 결함의 가능성이 있다고 보았다. 여성을 출산이

가능한 절대적인 능력자로 상정하면서도 여성의 역할을 모성과 출산에만 국한시켰기 때문이다. 《자라투스트라는 이렇게 말했다》에서는 독재와 노예근성이 오래 각인된 여성과는 우정을 나눌 수 없다는 말도 나온다. 《이 사람을 보라》는 남성과의 동등권을 요구하는 여성들의 투쟁이 병적인 현상에 가깝다고 저술했다.

하지만 니체는 여성을 혐오했다기보다는 당대 페미니즘의 방향성에 반대되는 남다른 여성관을 가진 것에 더 가깝다. 니체와 친분이 두터웠던 말비다 폰 마이젠부크Malwida von Meysenbug가 이를 증명한다. 말비다는 귀족 출신임에도 불구하고 1848년 혁명에 참여한 페미니즘의 선봉장이다. 그는 예순 살에도 계속해서 학문의 열정을 불태우는 사람이었는데 그런 말비다에게 젊은 철학자인 파울 레Paul Rée와 니체는 자유로운 연구와 토론 생활을 함께 할 친구였다. 당시 니체는 아직 유명하지 않았지만 말비다는 니체의 진가를 알아봤다. 그는 니체를 지적하고 혹평하면서도 마음에 들어 했고, 루 살로메를 소개시켜 주기도 했다. 니체가 여성 혐오주의자라면 페미니스트인 말비다가 니체를 인정하거나 살로메를 소개시켜주는 일은 없었을 것이다.

19세기에 여성은 임신과 출산의 기능으로만 주목받았으며, 불임은 남성적 성격으로 인식되었다. 이러한 시대 분위기에 대항해 여성 해방 운동이 등장했다. 19세기의 여성 해방 운동은 평등과 민주주의 정신에 기반했다. 당시 여성들은 교육과 직업에 대한 기회 보장과 참정권 및 재산의 통제권을 주장하며 여성 해방 운동을 확대시켜 나갔다.

니체는 이러한 여성 해방 운동이 여성과 남성의 고유한 성적 차이를 배제한 채 인위적인 동일화만을 추구하며 남성과 유사해지는데 목적을 둔다고 비판했다. 당대 여성 해방론자들이 추구하는 남성과의 동화는 여성의 고유한 가치조차 지키지 못하고 양성을 무화無化하여 퇴화시킬 뿐이라고 염려했다. 각 성별 사이의 긴장감 부재는 출산과 육아를 통한 가정과 사회의 존속 역시 어렵게 만든다. 생명과 생성에 있어 여성은 핵심적인 역할을 하는 반면, 남성은 보조적인 역할에 그칠 뿐이다. 따라서 니체는 19세기 여성 해방 페미니즘이 남성과의 동화를 통해 여성이 지닌 고유한 가치를 없애려고 하는, 즉 여성성을 죽이는 운동이라고 여겼다.

더욱이 이 당시의 여성 해방 운동이 모든 여성을 바탕으로 하지 않는다는 한계도 있다. 19세기의 여성 해방 운동은 같은 계급의 남성에 비해 상대적으로 권리를 갖지 못한다고 느끼는 중산층 여성들과 자유주의자들 위주로 전개되었다. 당시 귀족 계급의 여성들은 같은 계급의 남성과 마찬가지로 특권을 보유하고 있었기 때문에 여성해방 운동을 할 필요성도, 중산 계급의 여성처럼 심한 박탈감을 느끼지도 못했다. 또한 노동 계급의 여성은 생계를 유지하지 않으면 당장의 생존 자체를 위협받는 상황이라 다른 일에 관심을 쏟을 여력이 없었다. 결국 19세기 여성 해방 운동은 중산 계층의 여성과 자유주의자의 적극적인 참여로 진행되었고, 이 때문에 주로 재산을 가지고 있는 여성에 대한 참정권과 평등권 운동에 그치게 된다.

이러한 니체의 생각은 당시 여성 해방론자들로부터 남근 중심의 사고라는 비난을 받았다. 하지만 이후 제3세대 페미니즘이 니체의 인식을 수용하여 여성성을 파괴하지 않는 성평등을 주장함으로써 니체를 재평가하게 되었다. 과거 페미니스트들의 주장처럼 니체를 단순히 여성 혐오주의자 혹은 반여성주의자로만 단정하는 것은 그에 대한 오독이자 지나치게 단순한 해석일 수 있다. 니체의 여성관에 대한 몰이해에서 벗어나려면 니체 철학 전반의 관점에서 그의 저서를 읽어야 한다. 일부 문장만 인용할 경우 전체적인 의미와 입장이 왜곡될 수 있기 때문이다.

진리는 여성이다?!

니체는 당대의 여성 이데올로기를 비판하며 본인의 생각을 표출했다. 여성 해방론자들의 주장은 피상적인 목표일 뿐, 실상 여성들이 바라는 요구사항이 아니라고 판단했던 것이다. 그렇다면 진정으로 여성을 위하는 길과 진리는 무엇인가?

니체는 처음부터 여성이 진리를 바라지 않는다고 보았다. 《선악의 저편》에 따르면 여성은 진리가 아닌 가상의 아름다움을 추구했으며, 남성은 이러한 여성들의 본능과 기교를 존중하고 사랑했다. 니체는 진리를 추구하지 않는 여성의 모습이 밝혀질 경우 여성이 세간의 웃음거리가 될 것이라고 보았다. 때문에 그들의 진면모를 드러내지 않도록 하는 것이야말로 남성으로서 여성을 아끼고 배려하는 마음이라는 것이다. 따라서 '여성은 정치에 대해서는 침묵해야만 한다'는 나폴레옹Napoléon Bonaparte의 발언이 진정 여성과 그들의 이익을 고려한 행동이었다고 생각했다.

또한 니체는 여성이 남성과의 싸움에서 본인에게 주어진 우선권을 알고 활용하고 있다고 본다. 그는 여성은 본질적으로 남성의 사랑만으로 충분함에도 불구하고 권리마저 요구하는 것이라고 여겼다. 그리고 이러한 여성들의 병적 증상을 치료할 방법이 어린아이라고 생각했다. 자연적인 고유성 자체를 강조한 것이다. 더욱이 니체는 생리학적으로 여성들에게는 임신의 기간이 필요하며, 당대 여성 해방의 목소리 역시 임신하지 못한 여성들의 분노와 상실감의 표현이라고 보았다. 그의 사고에서 여성 해방론자들이 상정하는 적은 남성이 아니라 실제로는 '아이를 생산하게 하는 남자'라는 수단을 강탈한 다른 여성들이었다.

　니체는 당대 여성 해방론자들이 자신들을 진정한 여성이자 이상주의자라고 자부하는 것을 동시대의 다른 여성들을 깎아내리는 행위로 보았다. 그는 당대 여성 해방론이 남성으로부터의 해방이 아니라 여성 자체를 부정하며 여성 간의 갈등으로 전락할 가능성이 농후하다고 비판했다. 고등 교육, 참정권, 남성과 동등한 권리를 주장하는 여성 해방 운동이 실제로는 여성을 위한 역할을 하지 못했다고 지적한 셈이다. 다시 말해 니체에게 있어 임신과 육아라는 '여성성'을 거세한 여성 해방 운동은 자연성(여성성)을 인위적인 부자연성(남성성)으로 일체화시키는 반인간적인 발상이었다. 임신과 아이라는 책무와 역할 밖에서 존재하는 한, 남성으로부터의 해방은 자유가 아닌 혼돈과 무정부 상태를 야기할 뿐이다.

　이렇듯 그는 당대 사회의 여성 운동이 주창하는 단순화된 평등론이 내포하는 위험을 경고하며 이러한 시대상황은 오히려 여성들에게 실이 된다고 보았다. 남성과 함께하는 다른 여성을 부정하는 셈이기 때문이다. 그는 이러한 발상은 여성 내부에서 서로 활을 겨눈 싸움을 야기할 수 있음을 함의하고 여성 해방 운동이 본래의 의도와는 다르게 전개될 가능성을 지적했다. 즉 니체는 여성 해방론에 대한 맹목적인 비난이 아니라 진정한 여성의 의미를 되짚어 보는 유의미한 해석을 시도한 것이다.

니체의 비시대정신

니체의 비시대정신은 두 가지 의미에서 해석된다. 첫째, 공시적 관점에서 니체 철학은 반反시대적이다. 니체는 19세기 당시의 시대정신에 영향을 받으면서도 완전히 물들지 않고 비판점을 논한다. 둘째, 통시적 관점에서 니체 철학은 시대 초월적이다. 니체의 철학과 정신은 그가 활동하던 시대를 벗어나서도 다양한 학문과 시대를 관통하며 사상적 힘을 확장시켰다. 공통적으로 니체는 시대에 크게 구애받지 않았다고, 아니 시대를 극복했다고 할 수 있다.

첫 번째로 당대의 시대정신을 비판적으로 수용하고 반대를 제기했다는 점이다. 니체는 위대함이란 시대에 순응하는 시대성이 아니라 시대를 거스르는 비시대성에서 나온다고 생각했다. 《반시대적 고찰Unzeitgemässe》 중 〈삶에 대한 역사의 공과Vom Nutzen und Nachteil der Historie für das Leben〉에서 특정인의 전기를 찾을 때, 'OO와 그의 시대'라는 통상적인 제목을 피하고 'OO의 시대를 거스르는 투사'라고 쓰인 내용을 찾으라고 말한다.

니체 역시 그가 머물던 시대의 정신을 거스르는 투사였다. 니체는 '차별'보다는 '구별'의 의미로 남성과 여성의 기능적 차이를 주장한다. 그에게 진리란 '기원'으로의 탐구이기에 남성과 여성의 근본적인 '다름'에 대해서는 받아들였다. 니체의 관점에서 남성과 여성은 신체적인 차이로 인해 다를 수밖에 없으며, 특히 임신과 출산에 관해서는 여성이 절대적인 존재이다. 여성의 존재 의미를 생산에만 국한시키는 니체의 본질론_{타자와의 관계를 통해 본질을 유지하는 헤겔의 객관적 논리학} 중 하나 적 성 담론이 현실의 여성에게 불리하게 전개되는 것은 사실이다. 하지만 남녀가 해부학·생물학적으로 다른 만큼 삶의 의지나 방향도 다를 수밖에 없다. 이러한 관점에서 여성의 최대 의지는 출산이고, 남성의 최대 의지는 초인 위버멘쉬가 되는 것이다.

물론 여성도 초인이 될 수 있다. 다만 니체는 출산에 있어서는 여성이 주가 되고, 남성이 부수적인 반면, 초인에 있어서는 일반적으로 뒤바뀐다고 여긴다. 혹은 남성이 여성보다 우수하다고 여겨 초인을 최대 삶의 의지로 삼는다고 표현했을 수도 있다. 미국 럿거스 대학교의 데비 월시Debbie Walsh 교수는 뉴욕 타임스와의 인터뷰에서 "힘, 인성, 용기를 갖춘 정치인들을 기대하는 유권자들은 남녀를 비교할 때 기본적으로 남성이 자격을 갖춘 것으로 간주한다"고 말한 바 있다.

니체는 사회적으로 부여된 위치에 수동적으로 복종하기보다는 스스로를 극복하고 자아를 성장시키는 인간의 주체성을 주장한다.

하지만 이때의 주체성이나 자아는 독자적이고 독립된 것이 아니라 타자와의 관계 속에서 존재한다. 예컨대 의지하는 행위는 '나'가 주체가 된 것으로 보이나 결국 내외부의 명령에 따르는 것이기 때문이다. 니체의 세계관은 각기 다른 정도의 삶의 의지를 지닌 생명체들의 집합이다. 생존 경쟁에서 삶에 대한 의지가 강한 자와 약한 자는 궁극적으로 지배-피지배 관계에 놓이게 되고, 결국 평등해질 수 없다. 이때 여성은 물리적 약자로서 강자인 남성이 부여하는 기능적 역할에 종속된다. 즉 니체는 남성과 여성의 '다름'에서 출발한 구별에서 자-타아의 관계, 지배-피지배의 관계를 설명하고 있을 뿐, 차별 자체에 목적을 둔 것은 아니다. 오히려 니체는 '다름'을 인식하고 고유한 가치를 살리는 것이 여성을 위하는 길이라 생각하며 획일화된 시대가치에 반항했다. 개인사의 작용으로 여성에 대한 개념이 거칠고 혹독해 여성 혐오라는 오해를 받는 것이다. 또한 진지한 문답법을 사용한 소크라테스를 비난하고, 유머러스하고 경쾌한 글을 추구한 니체의 가벼운 문체가 제대로 된 해석을 방해했을 수도 있다.

두 번째, 니체의 비시대정신은 시공간적인 의미에서 시대를 뛰어넘었다는 데에 있다. 《선악의 저편》은 '미래 철학의 전주곡'이라는 부제에서도 알 수 있듯 인류의 미래를 제안하려는 의도에서 저술되었다. 니체는 왜 이 책이 미래에도 제대로 읽힐 수 있다고 생각했을까?

니체의 저서에는 과거와 현재, 미래를 구성하는 다양한 개념이 언급된다. 특히 니체의 비시대성은 게오르그 헤겔Georg Wilhelm Friedrich Hegel의 시대정신Zeitgeist, 18세기 후반부터 19세기에 걸쳐 독일을 중심으로 등장한 개념으로, 한 시대에 지배적인 정치적·사회적·지적 동향을 나타내는 정신적인 경향을 의미함과 대조를 이루고 있다. 니체는《법철학Grundlinien der Philosophie des Rechts》에서 "모든 사상가는 자기 시대의 아들"이라고 말한 헤겔을 반박이라도 하듯《반시대적 고찰》중 〈교육자로서의 쇼펜하우어Schopenhauer als Erzieher〉에서 "참된 철학자는 가장 깊은 의미에서 비시대적이다"라고 주장했다.

《아침놀Morgenröte》에서 니체는 어떤 작품을 읽을 때, 그것이 만들어진 시대상에 결부하지 않고 파악한다면 비로소 더 많은 기쁨과 놀라움, 영감을 경험할 수 있다고 말한다. 아무리 새롭고 좋은 작품일지라도 시대상이 반영되는 한 최소한의 가치밖에 갖지 못한다는 것이 그의 생각이다. 시대성을 갖춘 글은 당대에는 반짝할 수 있으나, 시대성이 사멸하고 나면 무상하게 빛이 바란다. 하지만 비시대적인 글은 시대를 초월한 것이기에 영원을 얻게 된다. 니체의 저서들은 시대를 초월하였기에 잊히지 않고 후대에 의해 발전될 수 있었다.

20세기의
시대정신과 데리다

● 김윤희

남근-로고스 중심주의에서
해체적 포스트모더니즘 시대로

니체와 데리다가 여성에 대해 제대로 다룬 적은 없으므로 그들의 여성관을 정확히 확인할 수는 없다. 다만 그들의 인간관과 철학 속에서 여성과 관련된 논의를 찾거나, 사유思惟의 연장선상에서 여성과 관련한 내용을 새로이 연결해 볼 수 있다. 여성뿐만 아니라 현대의 소수자를 포함한 모든 사람이 마주하는 문제로 1부에서는 니체 철학을 통해 혐오를 논했다. 2부에서는 데리다 철학을 바탕으로 현대의 폭력을 이야기하고, 나아가 올바른 정의와 법에 대해 다룰 예정이다.

니체의 사상은 여러 학자들을 통해 다양한 관점에서 재해석되며 분야를 막론하고 지대한 영향을 미쳤다. 니체 철학은 남성인 마틴 하이데거Martin Heidegger, 미셸 푸코Michel Foucault, 질 들뢰즈Gilles Deleuze, 자크 데리다와 여성인 엘렌 식수Hélène Cixous, 뤼스 이리가레Luce Irigaray에 이르기까지 성별 불문 다양한 지적 대화를 통해 재조명되고 변형되었다. 니체 다시 읽기의 출발은 데리다의 《에쁘롱Éperons》이었다. 포스트모더니즘과 포스트모던 페미니즘에 대한 니체의 문제의식과 통찰은 데리다의 존재론다른 것과의 구별을 통해 현존재에 대해 파악하는 헤겔의 객관적 논리학 중 하나적 담론과 해체주의이성 중심적인 형이상학을 비판하고 이를 해체하려는 철학 이론. 전체성을 비판하고 이원론을 부정하며 다원론을 주장함에 사상적 토대를 제공하며 확장되었다. 그는 음성언어 이전에 문자언어가 존재한다고 보았으며, 로고스 중심의 이원론을 해체하고자 했다.

1930년에 태어난 데리다가 바라본 서양 철학의 역사는 로고스 중심의 형이상학고정불변의 본질이 존재한다는 사고로 존재의 근본을 연구하는 학문의 역사였다. 따라서 로고스 중심주의는 비이성적인 것을 배제하고 억압하는 이론적 근거가 된다. 당시 지배적이었던 이분법적 사고는 정신(영혼)과 육체, 형상과 실재, 현존재와 비非현존재, 인간과 자연, 능동과 수동, 이성과 감성, 보편과 개별, 자본가와 프롤레타리아, 문명과 야만, 그리고 남성과 여성을 나눌 뿐만 아니라 말(음성언어)과 글(문자언어)의 언어도 구분했다. 고대 소크라테스의 문답법, 플라톤의 《파이

드로스Phaedrus》, 〈신약성서〉 요한복음 1장 1절("태초에 말씀(로고스)이
계셨다")에서부터 기표와 기의의 기호학 개념을 도입한 현대 구조주
의어떤 사회 현상에서 각각의 요소들보다 이들이 얽혀서 이루는 구조 자체를 우위에 두고 파악하려는 사회학·철
학의 한 경향 언어학자 페르디낭 드 소쉬르Ferdinand de Saussure에 이르기까지
음성언어는 문자언어보다 우월하다고 여겨졌다. 소쉬르는 글은 말
이 재현된 것일 뿐이라고 설파했다.

하지만 데리다는 음성과 문자의 구별을 거부하며 모든 언어 혹
은 기호 체계는 글→말→기표→기의로의 무한한 연쇄 과정 속에 존
재한다고 생각했다. 데리다는 '차이Différence'와 '차연Différance'을 사용
하여 소쉬르의 주장을 반박한다. 보다시피 두 단어는 프랑스어로 읽
을 때 발음상의 식별이 불가능하다. 하지만 시각적인 '글'을 표준으
로 삼는다면, 분간의 어려움이 해소된다. 데리다는 문자언어의 필요
성과 우수성을 증명함으로써, 전통적인 이원론에서 부수적인 역할
로 간주되던 문자언어에 힘을 실었다.

로고스는 태양을 의미하기도 한다. 태양 중심 사상은 세계를 빛
과 중심, 이에 상반되는 어둠과 주변으로 나눈다. 데리다는 태양과
중심을 남성, 변방을 여성으로 치환하여 로고스 중심주의에 남근 중
심주의를 결합하고 남근-로고스 중심주의Phallogocularcentrism라는 개념
을 창안했다. 프로이트와 자크 라캉Jacques Lacan 등 당대 정신분석학 및

여타 학문적 담론에서 핵심적인 위치에 있던 남성과 남근 이성주의를 해체하기 위해서는 남성 중심 사회에서 주변 역할을 하는 여성을 활용하는 것이 효과적이라고 생각했기 때문이다. 데리다는 여성을 통해 그의 비판 이론을 효과적으로 전달할 수 있었다.

해체주의가 건축, 미술, 패션, 광고, 철학, 문학 등 다양한 문화 현상에 스며들 수 있었던 까닭은 '해방감'에서 비롯된다. 획일화된 의복과 사고 양식에서 해방된 사람들은 '다름'의 아름다움을 느끼게 되었다. 이성의 틀에서 벗어난 무질서 안에서 경험한 편안함은 유일무이한 중심의 필요성 약화와 주변의 중요성 강화로 귀결되었다. 중심으로 상징되던 권위가 해체되면서 모두 동등한 가치를 지닐 수 있었다. 모두가 똑같고 평등한 전체주의가 아니라 각기 다르지만 똑같이 인정받는 사회의 도래이다. 로고스 중심주의는 차이를 인정하지 않으므로 전체주의로 변질되거나 타자를 폭력으로 다스리게 될 가능성이 있다. 폭력에 대한 데리다의 철학은 기존의 남근-로고스 중심주의 체계의 해체와 권위의 부정으로 이어졌다. 데리다가 강조한 '다름'과 '해체'는 소크라테스와 플라톤에 뿌리를 둔 형이상학 전통에서 출발해 오늘날 페미니즘, 인종주의, 다문화주의, 포스트식민주의에 이르기까지 영향을 미쳤다. 서구 형이상학 전체를 겨냥한 그의 해체 작업은 2004년 그가 세상을 떠날 때까지 계속되었다.

데리다의 키워드

데리다의 저서 《그라마톨로지에 대하여De la grammatologie》, 《법의 힘Force de Loi》과 《에쁘롱》을 통해 도출한 데리다의 키워드는 해체, 차연差延, 폭력, 정의이다.

첫 번째 키워드는 해체이다. 데리다는 '해체주의자'라는 성격에 맞게 그의 저서를 통해 여러 단어를 재정립한다. 데리다의 해체Deconstruction는 단순히 무언가를 뜯어 헤치는 파괴나 부정을 의미하는 것이 아니라 구조 속 모순을 드러내고 토대부터 탐색하는 활동을 뜻한다. 해체주의의 개념을 먼저 제시한 하이데거가 세계 속의 나를 확인하며 해체한 반면, 데리다는 존재하는 모든 권위와 내가 존재하는 세계 자체를 대상으로 삼아 허물었다. 《그라마톨로지에 대하여》에서 데리다는 "텍스트 밖에는 아무것도 없다Il n'y a pas de hors-texte"고 말했는데, 여기서의 텍스트는 단순히 문자만을 의미하는 것이 아니라, 문맥과 환경의 콘텍스트Context를 의미하기도 한다. 즉 모든 것은 언어(텍스트) 혹은 환경(콘텍스트) 안에 있다는 말이다.

데리다는 일상생활에서 활용되며, 세계를 구성하는 '언어'를 강하고 중요한 해체의 대상으로 삼았다. '현재에 존재'하는 것을 중시했던 서구 형이상학에서 문자(글)는 죽음과 부재를, 음성(말)은 생명과 현재를 반영한다. 하지만 데리다는 이전의 텍스트 이해 방식을 답습하지 않는다. 데리다는 언어와 독립된 실재 자체를 부정하지는 않았으나, 언어가 상정하는 대상이 실제로는 존재하지 않을 수도 있음을 의심했다.

두 번째 키워드는 차연이다. 차연은 데리다의 삶과 사상을 관통하는 키워드이다. 데리다는 차이를 의미하는 'Différence'의 e를 a로 바꾸어, 차연을 의미하는 'Différance'라는 신조어를 만들었다. 이때 차연은 '같고 다름'에 의한 차이(변별성)가 아니라, 프로이트나 하이데거의 용어인 '친숙한 낯섦Unheimlich'에 더 가까운 의미를 지닌다.

데리다는 표면상의 차이를 넘어 이러한 가시적인 차이가 만들어지는 근본 원인을 찾고자 해체를 시도했다. 이를 통해 알게 된 사실은 첫째, 안과 밖, 유와 무처럼 이원론의 양극단은 독립적으로 존재할 수 없으며, 서로에 의해서 정체성을 갖게 된다. 둘째, 모든 것은 하나의 차이만을 가지고 있는 것이 아니라 복합적인 차이를 가지고 있으며 서로 유기적인 관련이 있다. 데리다는 완벽히 구분할 수 있는 하나의 근원적인 차이를 찾으려 했으나 이 과정에서 대상에 대해 온전히 정의내리는 것 자체가 어렵다는 사실을 깨닫는다. 본질을 설명할 수 없으니 개체들 사이의 차이는 계속 발견될 수밖에 없고, 차이의 완전한 정의는 계속해서 뒤로 밀려난다.

따라서 데리다의 차연은 '차이'와 '지연'의 합성어로도 해석된다. 또한 양극단이 서로에게 흔적(차연)으로 남아 상호 연관될 때 존재의 의미가 형성되므로 본질이 고정되어 있지 않다는 해석도 있다. 모든 이해가 오해라고 말한 니체처럼 데리다는 완전한 이해는 불가능하며, 사회가 이미 결정했거나 요구하는 기준들 역시 올바른 이해를 바탕으로 한 것이 아니라고 생각한다.

세 번째 키워드는 폭력이다. 데리다는 《법의 힘》에서 권력마저 분해하며 서구 형이상학을 지탱해온 이항 대립을 해체함으로써 억압적인 위계질서와 규칙적인 사회체계를 전복하고자 했다. 데리다가 해체를 통해 격파하려 한 위계적 이분법은 구조적 불평등으로, 구조적 불평등은 구성된 관계와 지위에서 파생하는 권력(혹은 가치론적 우월성)으로, 권력은 다시 물리적 폭력으로 연결된다. 폭력이 발생하는 연쇄 과정의 예시로 남성의 여성 지배나 인간의 자연 정복을 들 수 있다.

폭력 생성의 연쇄 과정
이원론 → 위계적 이항 대립 구도 → 구조적 불평등 → 권력 → 물리적 폭력

마지막 키워드는 정의이다. 정의는 규정도 해체도 할 수 없다. 그

러나 정의가 실현되는 수단이자 근거인 법은 이중성과 배제성을 내재하기 때문에 해체될 수 있다. 이 이중성과 배제성은 곧 부정의와 연결된다. 따라서 법은 부정의하고 정의는 해체 불가능하다. 하지만 "해체가 곧 정의다!"라는 데리다의 명제처럼 정의의 근거인 법이 해체 가능함은 다시금 정의를 증명하는 셈이다. 다시 말해 해체가 불가능한 정의의 기반은 법이고, 법은 이중성과 배제성으로 인해 부정의하지만 해체할 수 있으므로, 법을 해체하면 그 자체로 정의가 된다.

폭력과 정의에 대하여

데리다가 경험한
외부적 폭력

데리다의 문제의식에는 외부로부터의 폭력이라는 그의 개인적인 경험도 작용했다. 데리다는 1930년 프랑스령의 알제리에서 유대인으로 태어났다. 그가 열두 살이 되던 1942년, 학교에서는 제대로 된 설명도 없이 유대인 학생들을 집으로 돌려보냈다. 프랑스 비시 정부Vichy France, 제2차 세계대전 중인 1940년~1944년 사이 남부 프랑스에 존속한 국가·정권이자 나치 독일의 괴뢰 정부가 반유대주의 이념을 펼쳤기 때문이다. 나고 자란 조국이, 그를 보호해 주어야 할 국가와 사회가 그를 거부하고 쫓아낸 주체라는 사실에 데리다는 크나큰 배신감을 느꼈다.

처음으로 배타적인 구조에서의 차별과 불평등을 경험한 열두 살의 데리다는 '배제의 논리'에 대한 정당성을 철저히 따지기 위해 본인의 해체 철학을 새롭게 만들었다. 데리다는 이분법과 배제의 논리가 사회를 중심과 주변으로 가르고, 중심인이 자신의 권력을 이용하여 사회 구성원으로서 주변인의 권리를 박탈할 수 있도록 허용한다고 주장한다.

그는 언어를 통해서도 배제의 원리와 폭력을 설명한다. 프랑스인인 그가 사용한 언어는 모국어인 프랑스어였는데 출신 지역(알제리) 때문에 '진정한 프랑스어'로 인정받지 못한다. 배제의 논리가 근간을 이루는 사회에서 진짜 프랑스어란 사실 프랑스의 중심지 파리에서 사용되는 언어에 해당되기 때문이다. 개인의 권리뿐만 아니라 언어까지 차별이 지배적으로 깔려 있는 것이다.

또한 데리다는 언어의 사용, 특히 영어를 사용하는 데서 오는 전달상의 불확실성이나 어려움을 언급하며 폭력에 대한 사고를 고안했다. 데리다는 1966년 존스홉킨스대학교의 콜로키움에서 〈인문과학 담론에서의 구조, 기호, 게임La structure, le signe et le jeu dans le discours des sciences humaines〉《글쓰기와 차이L'écriture et la différence》를 발표하며 미국 학계에 입문해 세계적인 명성을 얻었다. 그의 명성은 오늘날 예일학파로 알려진 폴 드 만Paul de Man을 비롯한 미국 학계의 호평에 힘입은 바가 크다. 데리다는 미국에서의 첫 강연 당시 프랑스 구조주의자로 소개되었고, 구조주의자라고 소개된 바로 그 자리에서 구조주의를 해체했다. 그가 스스로를 포스트 구조주의자라고 칭한 적은 없지만 여기에서부터 포스트 구조주의(혹은 후기 구조주의)가 시작되었다고 볼 수 있다. 그는 구조를 해체함으로써 구조의 허구를 드러내고, 동시에 구조에 내재된 폭력을 보여주고자 했다. 친숙하지만 낯선, 그래서 두려운 어떤 타자에 주목한 것이다.

미국 내에서 데리다는 강의를 영어로 진행해야 했다. 프랑스인인 그에게 모국어가 아닌 영어로 강의를 진행해야 하는 상황은 그 자체로 강제성과 정확성, 정당성을 요구하는 것이었다. 그는 세계대전 이후의 현대 미국은 영국의 식민 지배를 극복하고 독립했음에도 불구하고 그토록 비판하던 제국주의 영국과 크게 다를 바가 없다고 말했다. 데리다는 개별의 이해관계만을 중시해 타인의 피해나 공동체의 희생을 고려하지 않을 때 윤리가 실종되고 약한 자에 대한 폭력의 주체로 전락할 수 있다고 보았다. 다른 한편으로는 '타자에 대한 최소한의 폭력 없이 주체로서 살아간다는 것이 과연 가능한가? 타자에 대한 무한한 존중이 나, 우리, 그리고 더 나아가 국가의 안녕을 해치지는 않는가?'의 질문을 던진다.

《법의 힘》에서 데리다는 법이 저지르는 폭력의 예시로 국가에 의해 재편된 민족적, 종족적 소수자에게 언어를 강요하는 것을 꼽는다. 그 역시 미국이라는 공간적 조건과 스스로 통제할 수 없는 배경 속에서 힘이나 법에 의한 압박, 책무와 조건의 강제를 느끼며 폭력에 대해 사유하게 되었다.

니체와 데리다의 세 가지 여성상

　　　　　　데리다는《에쁘롱》을 통해 여성을 섹스, 젠더, 섹슈얼리티의 세 가지로 해체한다. 바로 여성Femme과 여성성 Feminine, 그리고 여성의 성La sexualite feminine이다. 여성이 생물학적인 특성을 지칭한다면, 여성성은 '여성스러움'이라는 사회적·문화적·역사적인 인식의 틀을, 여성의 성은 성욕을 의미한다. 《에쁘롱》에서 데리다와 니체의 주장은 잘 구별되지 않는다. 데리다가 본인의 논지보다 니체의 철학을 재해석하는 데 중점을 두었기 때문일 수도 있지만, 그의 생각이 니체의 생각과 유사하기 때문일 수도 있다. 니체와 마찬가지로 데리다는 페미니즘을 해체의 대상으로 상정하며, 남성과 같아지려는 여성의 남근적 행위라고 생각한다. 또한 특정 성, 특히 남성으로 편입되는 민주적 평등 과정을 우려했다.

　　데리다는《그라마톨로지에 대하여》에서 니체가 기존의 형이상학에 머무르지 않고 관점주의Perspectivism, 객관적·보편적인 절대 진리란 존재하지 않으며 가변적인 현상들이 주관적인 견해에서 부분적으로 인식된다는 개념를 통해 해체를 시도했다고 묘사한다. 이러한 사고를 바탕으로 니체의 여성관에 대한 데리다의 분석은 다음과 같다.

《에쁘롱》에서 데리다는 니체가 바라본 여성을 ①남성이 만든 이미지 속 여성, ②남성과 같은 여성, ③고유한 여성이라는 세 가지 유형으로 나눈다. 데리다는 이를 각각 ①(남성성이 결핍된) 거세된 여성, ②(여성성을 없애는) 거세하는 여성, ③긍정적인 여성으로 재표현했다. 또한 니체는 첫 번째와 두 번째 유형의 여성들과 시대를 공유하면서 동시에 이러한 여성관을 두려워했을 것이라고 서술한다. 그가 진정으로 사랑한 여성은 세 번째의 여성이었기 때문이다.

'남성이 만들어 낸 여성'이란 자유정신이 결여된, 연약하고 순종적인 여성을 일컫는다. 니체의《선악의 저편》에서 묘사된 여성은 남성의 소유물이자 사유 재산이며 가정에 봉사함으로써 존재를 확인한다. 여성은 남성이 만들어낸 이미지를 내면화하고 남성의 바람대로 하다가 그 이미지에 갇혀 버렸다. 남근 중심 사회에서 '거세'는 남성성의 결핍을 의미하며, 이 시기 여성은 남성의 상대로서만 존재가 정의된다.

'남성과 같은 여성'은 당대 여성 해방론자들이 추구하던 여성이 만든, 여성성이 약화된 여성이다. 남성이 만든 여성의 이미지에 반발하여 이를 재건하려는 시도를 하지만, 남성의 독단적 태도를 답습한다는 한계가 있다. 니체는 19세기 여성 해방 운동가를 탈여성화·남성화된 여성으로 보았다. 여성적 본능이 약화되고 남성성은 잔재하는 상황에서 여성 해방 운동가들이 주창하는 여성의 이미지는 그간 남성들이 씌우고 가둔 '이미지에 의한 폭력'과 별반 다르지 않았다.

니체에게 '고유한 여성'은 여성이 지닌 고유한 속성에 근거한 긍정적인 여성이다. 니체는 궁극적으로 모든 사물이 고유한 특이성에 도달하는 것을 이상적인 가치로 삼는다. 이때 여성의 대표적인 고유성이란 임신 능력이다. 1부에서도 설명했지만 니체는 새로운 생명과 가치를 생산하는 임신을 여성의 상징적인 특이성으로 간주한다. 이러한 생성 능력이 없는 불임 여성은 비판의 대상이 된다. 《자라투스트라는 이렇게 말했다》에서 니체는 여성의 최종 목표는 언제나 어린아이이며, 남성은 일종의 수단일 뿐이라고 서술한 바 있다.

폭력과 정의에 대하여

데리다는 배제의 논리를 (체계 내에서의) 폭력이라 규정한다. 위계질서 속에서 상위(우위)에 있는 존재는 질서를 고정불변이라 여기고 자신은 하위(열위)의 영향을 받지 않는다고 생각한다. 나를 제외한 나머지를 배제하는 것이다. 나의 안위와는 무관하다는 무의식에서 위계질서상의 상위 존재는 하위 존재를 함부로 대한다. 이는 곧 폭력의 자행을 야기한다. 데리다는《그라마톨로지에 대하여》,《법의 힘》,《마르크스의 유령들Spectres de Marx》,《사형선고Le peine de mort》 등에서 그의 철학적 중심인 '배제의 논리'가 지닌 폭력성을 정치철학적, 법적, 생물학적 접근에서 발전시켰다.

《그라마톨로지에 대하여》에서 데리다는 세 단계의 폭력을 그려낸다. 첫 단계는 언어체계가 포함한 폭력, 다음으로는 법과 도덕이라는 폭력, 최종 단계는 직접적·물리적 폭력이다. 세 번째 단계의 폭력은 현실에서 접할 수 있으므로 여기에서는 첫 번째, 두 번째 단계의 폭력에 대한 논의를 중점적으로 다뤄보겠다.

데리다에게 언어 체계의 폭력은 가장 원초적인 것이다. 데리다가 의미하는 언어폭력은 욕설이나 비방만이 아니라 대상을 본질화하고 위계적 가치를 부여하는 언어까지도 내포한다. 언어는 우리와 가장 밀접한 곳에서 분별의 기능으로 작용한다. 예를 들어, '남자'와 '여자'라는 단어는 단순한 표현 기호로만 사용되지 않는다. 사용자는 단어라는 언어 기호를 통해 지칭하는 존재가 있으며, 그것이 가져야 한다고 스스로 혹은 사회적으로 부여한 속성과 가치를 기대한다. 이는 곧 사회적 폭력이다. 언어 사용자의 주관적 의도와 사회의 사고방식 속에서 복잡한 존재는 간단하게 나열되고, 실질적인 존재의 가치와 깊이는 거부된다. 이때 가해지는 폭력의 크기는 중심에서 주변으로 갈수록 커진다.

가부장제 사회에서 여성의 자립이 어려운 이유 중 하나가 바로 남성 중심으로 형성된 언어 개념과 습관이다. 남녀평등법이 제정되고 변화의 바람이 불고 있지만 남성 위주로 직조된 언어 구조가 여전히 뿌리 깊게 위치하고 있기 때문에 사고의 기틀이 바뀌거나 확실한 변화를 느끼기까지는 오랜 시간을 필요로 한다. 식민지화 과정에서 변질된 언어가 해방 후 바로 변하지 못한다는 인도 학자 가야트리 스피박Gayatri Spivak의 주장처럼 언어적·문화적 변화는 정치적인 법칙 제정만으로는 이끌어낼 수 없기 때문이다.

언어 권력은 젠더 권력에 대한 논의로 확장된다. 배제의 논리와 차별, 구조에 내재된 폭력에 관한 데리다의 이론은 미국의 철학자이자 젠더 이론가인 주디스 버틀러Judith Butler로 이어져 '젠더 정체성 Gender Identity'과 함께 논의된다. 니체와 데리다의 사고처럼 젠더 역시 고정된 정체성 없이 사회적 관습에 의해 제도화되었을 뿐이므로 기존과 다른 행위의 반복을 통하여 깰 수 있다는 것이다. 버틀러는 이에 더해 해체 이후도 고려했다. 단순한 전복, 즉 이항 대립 구조상 비주류 열등 항목(예컨대 가부장제 사회에서의 여성, 제국주의 시대의 식민국가, 백인 우월주의 사회에서 비非백인, 서구 중심 세계에서 동양, 자본주의 사회의 가지지 못한 자 등)의 위치 이동이 아니라 이분법적 구도가 지닌 모순 자체를 밝히고 혁파하려는 의도였다.

폭력의 두 번째 단계는 법과 도덕 체계다. 도덕이나 법은 인위적으로 만들어졌다. 따라서 도덕과 법을 만든 주체의 주관적 입장이 근간이 된다. 그리고 이 주체는 사람들이 세 번째 단계인 현실에서의 구체적·직접적 폭력(폭행, 전쟁, 겁탈 등)만을 폭력으로 받아들이게끔 했으며, 실제로 우리에게 흔히 익숙한 폭력으로 인식된다. 앞서 데리다가 설명한 법의 이중성은 폭력성을 의미한다. 폭력을 막기 위한 방법으로 강제력(폭력)을 동원하기 때문이다.

《법의 힘》제2장은 발터 벤야민Walter Bendix Schonflies Benjamin의 〈폭력의 비판을 위하여Critique of Violence〉라는 텍스트를 해석하며 폭력에 대해 이야기한다. 벤야민은 정의로써의 법을 실현하기 위한 수단으로 법을 위반한 행위에 폭력을 가하는 것이 아니라 폭력 자체가 법을 이끌어낸다고 보았다. 그에 따르면 폭력에는 법을 정립하는 폭력

(법 정초적 폭력)과 법을 보존하는 폭력(법 보존적 폭력)이 있는데, 이를 '신화적 폭력'이라 칭한다. 법 정초적 폭력은 이전의 권력 구조를 없애고 기성과는 다른 장을 열어주는 반면에, 법 보존적 폭력은 현 체제를 지속하고 법의 연속성과 치안을 유지하기 위한 억압적인 국가 장치다. 새롭게 등장하는 법(정초)에 의해 기존의 것이 무너지고 다시 유지하는 과정(보존)에서 법과 폭력은 되풀이된다. 벤야민은 되풀이되는 폭력의 굴레를 궁극적으로 중단시킬 방법으로 신화적 폭력과 대비되는 법 파괴적인 '신적 폭력'을 추구한다.

신화적 폭력	↔	신적 폭력
① 법 정초적 폭력(법을 정립) ②법 보존적 폭력(법을 보존)		법 파괴적 폭력(법을 파괴)

벤야민이 규정한 폭력Gewalt은 문자 그대로의 폭력과 적법한 권력, 정당화된 권위 모두를 뜻한다. 또한 폭력으로 규정되는 행위의 범주에 따라 사회문제의 빈도와 처벌의 정도가 달라진다. 법 보존적 폭력이건 법 정초적 폭력이건 많은 다양한 폭력을 끌어안는 현대사회에서 폭력에 대한 불명확한 기준과 규정은 자칫 혼란과 불합리로 결론지어질 수 있다.

법은 정의인가? 결론부터 이야기하자면 법은 정의가 아니다. 미셸 몽테뉴Michel Eyquem de Montaigne는 우리가 법체계에 복종하는 이유는 그것이 정당하고 합리적이기 때문이 아니라 권위를 갖고 있기 때문이라고 말한다. 법은 정당해서가 아니라 법이기 때문에 신용을 얻으면서 존속한다. 이것이 법이 가진 권위의 기초이다. 고대 로마의 법률 격언에서 파생된 "악법도 법이다Dura lex, sed lex"는 말처럼 불합리하고 정당하지 않음에도 법이 지닌 힘에 의해 악법이 강요되는 경우가 있다. 그러나 범죄를 저지르고도 쉽게 가석방되는 몇몇 권위자들의 사례를 보면 법의 권위를 능가하는 힘이 있는 한 법은 무시될 수 있다. 따라서 권위에 의한 현재의 법은 올바르다고 할 수 없으며, 법보다는 올바른 정의와 폭력의 규정에 대한 인식이 우선 자리 잡아야 한다.

법은 폭력과 불가분의 관계이며 스스로 정의라고 선언함으로써 정당성을 얻고 또 유지한다. 그렇다면 정의는 어떻게 정당함을 판단할까? 블레즈 파스칼Blaise Pascal이 정의와 법의 결합을 강조했듯 정의가 없는 힘은 비난 받고, 힘없는 정의는 무기력하다. 진정한, 그리고 건강한 정의와 법을 이루기 위해서는 법과 정의 사이의 끝없는 조화와 협력이 필요하다.

더욱이 우리의 일상에서 폭력의 양상은 다양하며, 누구나 삶의 어느 부분에서는 소수자의 입장에 놓여 있다. 힘의 불균형에서 폭력의 뿌리를 찾는 것만큼이나 중요한 문제는 소수자의 입장에서 생각하고, 주변으로 눈을 돌려 살펴보고, 연대하는 것이다. 그래서 우리는 위계질서가 가변적이며, 상호적이고, 뒤바뀔 수 있다는 사실을 모두에게 보여 주고 우리 스스로의 존재감을 입증해야 한다.

개인으로서의
한나 아렌트

송
샘

소수자의 삶을 살았던 철학자

한나 아렌트Hannah Arendt 는 언제나 소수의
자리에 서 있었다. 여기서 소수란 단순히 수적으로 적은 쪽을 의미
하는 것만은 아니다. 비대칭적인 권력 구
조에서 열세에 놓여있는 쪽을 의미하는
것에 가깝다. 아렌트는 우리가 앞에서 다
루었던 다른 철학자들과는 다른 의미에
서 시대에 갇혀 있었다. 그가 살며 겪은
시대는 여성과 유대인에게 차별적이었
다. 개인을 강조하는 아렌트와 달리 당대

한나 아렌트

는 그를 개인이 아닌 집단—여성 혹은 유대인, 아니면 유대계 여성
—으로 가두었다.

　한 철학자의 사상을 분석할 때, 그의 삶을 함께 고려하는 것은
오독의 원인이 될 수도 있지만 그가 살았던 시대와 삶을 배제한 채
사상과 가치관만을 보는 것 역시 위험하다. 아렌트는 독일 쾨니히
스베르크의 유대인 가정에서 태어났다. 부모님은 사회 민주주의에
완전히 동화된 사람들이었다. 이러한 분위기에서 자란 아렌트는 일
곱 살에 할아버지와 아버지를 떠나보냈고, 열세 살에 어머니가 재혼
하며 새아버지의 자녀와 어머니를 공유하기 시작했다. 아버지의 부
재와 어머니에 대한 불완전한 공유는 아렌트를 성장기 내내 외롭게
만들었고, 동시에 사색의 시간과 공간을 만들어 주었다. 이러한 사
색은 아렌트가 정치사상가의 길로 가는 데 영향을 미쳤다. 1924년
독일 마르부르크대학교에 입학하며 그의 삶에 새로운 만남과 학문
의 길이 시작되었다.

아렌트와 하이데거

　　　　　열여덟 살의 아렌트는 이곳에서 서른다
섯 살의 하이데거를 만났다. 이미 두 아들의 아버지였던 하이데거는

《존재와 시간Sein und Zeit》의 집필을 마무리하는 중이었다. 이 둘의 관계는 평생 주고받았던 그들의 편지에서 잘 드러난다. 이 편지는 엘즈비에타 에팅거Elzbieta Ettinger의 《한나 아렌트와 마틴 하이데거Hannah Arendt, Martin Heidegger》에 정리되어 있다. 스승과 제자로 시작해 연인으로, 학문적 동료로 변화하며 주고받은 편지는 세상의 편견과 선입관을 대신해 실제 둘의 관계를 보여 준다.

에팅거는 둘의 편지 내용을 바탕으로 하여 아렌트와 하이데거의 관계를 세 가지 시기로 구분한다. 연인으로 지냈던 1925년부터 1930년까지의 첫 번째 시기, 독일의 국가 사회주의가 정권을 잡고 2차 세계 대전을 일으켰던 1930년대 초부터 1950년까지의 두 번째 시기, 아렌트가 하이데거를 구명하며 새로운 관계를 형성한 아렌트 사망 전까지의 세 번째 시기로 나눈다.

첫 번째 시기에 아렌트와 하이데거는 연인이자 스승과 제자의 관계였지만 아렌트의 박사 과정은 하이데거가 아닌 카를 야스퍼스Karl Jaspers의 지도 아래 진행되었다. 1928년 아렌트는 성 아우구스티누스Aurelius Augustinus의 사상을 바탕으로 학위 논문을 완성했다.

연인기를 지나 맞이한 두 번째 시기에 이 둘은 역사의 한가운데에 놓이게 된다. 하이데거는 독일 프라이부르크대학교 총장에 임명된 후 총장 취임사를 통해 나치즘을 지지했다. 1920년대부터 나치 당원이었던 아내 엘프리데Elfride Heidegger의 영향을 받아 그 역시 나치

당원이 된 것이다. 그 해에 아렌트는 독일에서 유대인이라는 이유로 교수 자격 취득을 금지당했으며, 시오니스트 조직에서 반유대 표현을 수집하고 정리한 일을 계기로 체포되었다. 결국 아렌트는 프랑스로 망명해야 했다.

한 명은 나치당원으로서 승승장구하며 나치의 선전 인물로 활동하고, 다른 한 명은 유대인으로서 박해의 대상이자 저항의 존재가 되었다. 서로 다른 곳을 향하며 아렌트와 하이데거는 급격히 멀어졌다. 이 시기에 아렌트는 망명 중인 독일 출신의 시인이자 전 공산주의자인 하인리히 블뤼허Heinrich Blücher를 만나 결혼한다.

아렌트가 하이데거를 다시 만난 세 번째 시기 1950년은 하이데거의 나치 협력 정도가 공개되기 전이었지만 나치 전력이 있는 하이데거의 강의가 전면 금지된 상황이었다. 이러한 상황에서 하이데거는 나치 연루 혐의를 벗기 위해 아렌트의 도움이 필요했다. 하이데거의 반유대주의, 친 나치 행적을 알게 된 아렌트는 경악했지만 그의 변명에 귀를 기울였다. 남편인 블뤼허도 철학자로서 하이데거를 추종했기 때문에 아렌트가 그를 구명하는 일을 지지했다.

하이데거는 아렌트의 용서를 바탕으로 반유대주의 혐의에서 벗어났다. 하이데거가 나치 당적을 유지하자 그를 떠나갔던 제자들과 달리, 아렌트는 하이데거를 용서했고 자신의 영향력을 활용해 그가 다시 지성계에 편입될 수 있도록 돕기까지 했다. 이러한 아렌트의 태도와 입장은 유대인 사회의 비판을 불러왔고, 《예루살렘의 아이히만Eichmann in Jerusalem: Ein Bericht von der Banalität des Bösen》을 출간한 이후에 더욱 강력해진 비난에 일부 영향을 미쳤다.

하이데거와 연인 관계였고, 그의 나치 전력을 용서했다는 이유로 아렌트는 '여성 사상가'로서 비판 받고 폄훼되기도 했다. 하이데거가 자행했던 일을 과거 연인이었다는 이유로 너무 쉽게 용서하고 그를 다시 세계에 편입시켰다는 것이다. 아렌트는 이러한 비판에도 하이데거에게 보내는 편지에서 '두 사람의 관계를 회복할 수 있는 기회를 놓쳤다면 자신을 용납하기 어려웠을 것'이라고 표현하며 자신의 행동에 후회가 없음을 내비쳤다.

하이데거와의 관계로 인해 아렌트를 다름 아닌 '여성'으로 읽으며 그를 성별에 가두려 하는 시도가 존재하지만 그는 자신의 성별과 민족에 머무르려 한 적이 없었다. 오직 개인으로서 자신이 원하는 일을 하고, 선택하는 사람으로 살고자 했다.

아렌트의 정체성 논쟁에 '유대인', '여성'은 존재하지만 '독일인'에 대한 논쟁은 중요하게 다루어지지 않는다. 아렌트는 독일을 고향이라 표현하고, 독일어를 모어母語이자 항상 의식적으로 지켜온 언어라고 밝힌다. 아렌트는 지도 교수였던 야스퍼스와 독일인으로서의 정체성에 대해 논쟁을 벌인다. 야스퍼스는 아렌트에게 '물론 자네는 독일인'이라고 하지만 아렌트는 이에 대해 나를 독일인으로 보지 않는 사람들이 있다고 대답한다. 당시 독일계 유대인은 독일인으로 인정받지 못했으며, 이들 스스로도 자신의 정체성에 대해 끊임없이 의문을 제기해야 했다.

이렇듯 아렌트는 타인에 의해 정체성이 규정되고, 스스로는 끊임없이 혼란스러워해야 하는 생을 살았다. 유대계 여성이라는 집단 정체성으로만 그를 바라보는 시각과 그를 독일인으로 인정하지 않는 사람과 인정하는 사람들 사이에서 방황해야 했다. 그는 자신의 고향조차 온전히 가질 수 없었다. 누군가에게는 그를 독일인으로 인정하는 것이 일종의 배신처럼 여겨졌으며, 그렇다고 해서 독일인 내부에서 독일인으로 제대로 인정받은 것도 아니었다. 타인에 의해 인정받아야만 집단에 속하거나 벗어날 수 있던 시대를 지나오며 그는 집단이 아닌 자신 개인에 집중하는 것을 택했다.

여성 사상가가
아닌 사상가

개인의 발견

아렌트는 스스로를 철학자라 인식하지 않았으며 그렇게 불리는 것 또한 원하지 않았다. 그는 자신을 정치 이론가로 규정했다. 그동안 이 책에서 다룬 철학자들은 사상을 통해 시대를 변혁시키는 역할을 했지만 그들이 바꾼 시대의 수혜는 여성에게 이르지 못했다. 오히려 여성을 시대에 갇힌 존재로 만드는 데 기여하며 철학자 본인도 시대에서 벗어나지 못하는 한계를 보였다.

하지만 아렌트는 다른 의미에서 시대에 '갇힌' 철학자이다. 그는 여성이라는 성별과 유대인이라는 민족성으로 인해 차별과 배제의 대상으로서 시대에 갇혀 있었다. 차별의 대상이면서 동시에 소수자라는 자각을 뛰어넘어 타인에게 규정되지 않은 개인으로 존재하고자 했던 그는 같은 정체성을 가진 이들에 의해 반유대주의자로 낙인찍힌 삶을 살았다. 유대인 여성으로서 전쟁의 참화를 경험하고, 개인의 삶이 개인의 것이 될 수 없는 시대를 겪어내며 자신의 사상을 세상에 내놓았지만 여전히 '유대인 여성'으로 존재해야 했고 그러한 이름으로 시대에 갇힌 삶을 살았다.

이렇듯 개인의 시대인 근대에서조차 여성은 여전히 개인이 될 수 없었다. 한 사회나 조직 내에서 소수자 혹은 유일한 존재로 남아 있는 한 여성은 개인이 될 수 없다. 그 사회 내의 유일하거나 몇 안 되는 여성일 경우, 그의 개인적인 삶과 말, 글은 모두 여성 전체를 대변하거나 대표하는 것이 된다. 유일한 여성 철학자는 철학자 개인이 아니라 '여성'으로 읽힌다. 하지만 아렌트는 자신을 집단으로 분류하여 가두려는 시도를 평생에 걸쳐 단호히 거절해왔다.

대단히 남성적인
직업을 가진 여성

1964년 10월 28일 TV로 방송되었던 귄터 가우스Günter Gaus와 아렌트의 대담에서 아렌트는 인터뷰에 참여한 첫 여성이자 철학자라는 '대단히 남성적인 직업'을 가진 사람으로 언급되었다. 그러자 아렌트는 자신은 철학자가 아니라고 말하며 자신의 전공을 정치 이론이라고 밝혔다. 또한 일반적으로 철학을 남성적인 것이라고 생각하곤 하지만 철학이 꼭 남성적인 것으로 남을 필요는 없으며, 여성이 철학자가 되는 일도 가능하게 될 것이라고 말했다. 성별을 강조하며 철학을 '대단히 남성적인 영역'으로 남겨 놓는 시대에도 개인으로 살고자 분투한 것이다.

이 대담에서 귄터 가우스가 여성 해방Women's Emancipation 문제에 대해 질문할 때에도 아렌트는 적극적으로 여성을 대표하거나 대변하여 말하지 않는다. 심지어는 늘 여성에게 어울리지 않는 직업이 있는 법이라고 생각해왔다고 말하기도 한다. 이러한 발언은 반여성주의적이라고 여겨질 정도로 당대의 생각에 부합한 답변을 제시하는 것처럼 보인다. 하지만 핵심은 마지막 문장에 있다.

"나는 내 마음에 드는 일을 해왔을 뿐, 이 문제는 내 인생에 아무런 영향도 끼치지 않았다."

당시의 사람들은 그가 여성으로, 유대인으로 살아가길 기대했지만 그는 늘 자신의 마음에 드는 일만 해오며 지냈다. 성별도, 민족도 아렌트를 구성하는 전부가 될 수 없다. 여성이라고 해서 개인이 원하는 일을 하지 못할 이유도 없다. 아렌트는 여성의 대표로서가 아니라 한나 아렌트라는 개인 자체로 존재하고 싶다고 표현하고 있다.

이런 아렌트를 성별과 민족으로 제한한다면 오독이 난무할 수밖에 없다. 유일한 여성 철학자가 아니라, 여러 명의 철학자 중 한 사람이 될 때 비로소 그의 사상이 개인의 것으로 읽힐 수 있다. 다른 남성 철학자의 경우 삶과 사상을 분리하여 분석하고 다루어지는 반면, 여성의 경우 반드시 삶과 함께 해제解題된다. 사상은 살아온 삶과 시대의 영향에서 분리될 수 없지만, 성별을 이유로 그 비중을 달리 보거나 다른 기준으로 다뤄서도 안 된다.

차별에 대한
탐구와 저항 사이

중산층 유대인 가정에서 성장한 아렌트는 자신이 유대인이라는 자각이 강하지 않았다. 덕분에 유대인 문제가 이슈되기 전인 20대 초반까지 유대인의 디아스포라Diaspora, 팔레스타인을 떠나 곳곳에 흩어져 살면서 유대교의 규범과 생활 관습을 유지하는 유대인와 차별 문제를 심각하게 여기지 않았다. 이러한 시각은 자신의 스승인 야스퍼스에게 쓴 편지를 통해서도 잘 드러난다. 그러나 지루하게 여겼던 유대인이라는 정체성은 나치즘과 전쟁을 경험하며 전환된다.

앞서 다룬 귄터 가우스와의 대담 자리에서 아렌트는 1931년에 이미 나치가 정권을 잡게 되리라 확신했다고 밝히고 있다. 남편과 이에 대해 논쟁을 벌였지만 독일을 떠나기 전까지 이 문제에 제대로 신경 쓰지 못했다고 토로했다. 나치가 집권하더라도 극단적인 전체주의와 공포 정치, 인종 차별이 자행되리라 생각하지 않았기 때문이다. 하지만 1933년 2월 27일 독일 의사당 화재 사건을 계기로 독일에서 불법 체포와 보호 감호가 진행되며 상황이 돌변했다. 이후 나치에 협력하지 않는 사람들은 게슈타포_{나치 정권의 비밀 국가 경찰} 지하실이나 집단 수용소로 끌려가기 시작했다. 이러한 시국에 아렌트는 더이상 방관자로 세상을 살아갈 수는 없게 되었다고 말했다.

당시 시오니스트 조직은 아렌트에게 기회를 주었으며 이 일에는 회장인 쿠르트 블루멘펠트_{Kurt Blumenfeld}의 역할이 컸다. 아렌트는 대담에서 자신은 시오니스트가 아니라는 사실을 밝혔지만 그럼에도 시오니스트 조직과 함께 반유대 표현을 수집했다. 유대인 혐오 표현을 모아 정리하는 것은 나치의 공포 프로파간다 활동에 반하는 것이기에 신변의 위협에 시달려야 했다. 결국 이 활동으로 체포된 아렌트는 이후 독일 국경을 넘어 망명한다.

프랑스로 망명한 아렌트는 1935년부터 유대인 청소년의 팔레스

타인 이주를 지원하는 '청년 알리야Youth Alijah'에서 활동하며 반유대주의 역사 자료를 계속 수집했다. 반유대주의 표현과 역사에 대한 자료는 후에 《전체주의의 기원The Origin of Totalitarianism》의 내용이 된다.

1941년에는 유대계 망명자에게 비자를 발행해 준 하이럼 빙엄 4세Hiram Bingham IV의 도움으로 미국으로 망명한다. 남편, 어머니와 함께 미국에 도착한 뒤, 아렌트는 독일계 유대인 공동체에서 활동하며 독일어 신문 〈아우프바우Aufbau〉에 칼럼을 기고한다.

전쟁과 망명의 경험, 그리고 반유대주의 역사에 대한 탐구 과정은 아렌트에게 유대인으로서의 정체성을 확인시켜 주었다. 유대인이 차별과 탄압의 대상이 되던 시기에 아렌트는 이에 저항했다. 2차 세계 대전 종전 이후 아렌트는 1958년 《라헬 파른하겐Rahel Varnhagen》을 출간하며 독일계 여성 유대인의 삶과 그가 겪었던 차별, 반유대주의의 원인, 유대인의 역사를 조명한다. 그가 반유대주의의 역사를 추적하고, 이러한 표현을 수집하며 유대인 혐오에 저항한 것은 그렇다고 해서 아렌트가 단지 유대인이기 때문에, '유대인으로서' 이러한 활동을 한 것은 아니다. 전후 처리 과정에서 여전히 유대인이라는 정체성만을 강조하는 유대인 커뮤니티와 달리, 아렌트는 유대인을 넘어 개인으로서의 사상을 발전시켰다.

악의 평범성

　　　　　아렌트는 독일에서 태어났지만 프랑스로, 이후 미국으로 망명했기 때문에 홀로코스트에서 약간 빗겨나 있었다. 그는 1943년이 되어서야 아우슈비츠에 대해 알게 되었다. 처음에는 아렌트도 이에 대해 믿지 못했다. 전직 군사학자였던 남편 역시 아렌트와 같은 상황이었다. 인종 말살 정책은 군사적으로 불필요하고 부적절한 일이었기 때문이다. 아렌트 부부는 인간이 이렇게까지 할 수는 없다고 생각하며 반년 동안 아우슈비츠에 대해 믿지 못했지만 증거를 통해 결국 이를 믿게 되었다. 이후 아렌트는 이스라엘 법정에서 진행된 전범 재판에 참관하며 홀로코스트의 실체를

재판 중인 아이히만

직접 파악하게 된다. 〈뉴요커The New Yorker〉의 지원으로 재판에 참관하며 1963년 2월부터 다섯 차례에 걸쳐 연재한 것이 바로 《예루살렘의 아이히만》이다.

아이히만Otto Adolf Eichmann은 1932년 나치당에 가입하고 다음 해에는 나치 친위대Schutzstaffel의 정보부SD, Sicherheitsdienst des Reichsführers에 들어가 유대인 학살 업무를 담당했다. 그는 유럽 전역의 유대인을 아우슈비츠 등 폴란드 수용소로 이송하는 역할의 최종 책임자였고, 500만 명의 유대인을 그곳으로 이송시킨 일을 자랑스럽게 여겼다. 그는 패전 직후 미군에 의해 체포되었지만 탈출했다. 이후 이탈리아를 거쳐 아르헨티나에 정착해 살았지만 결국 이스라엘 정보기관인 모사드에 의해 체포되었다. 1960년 체포된 후 1961년 4월 11일부터 공개 재판을 받았다. 아렌트가 참관했던 재판이 바로 이 아이히만에 대한 재판이었다.

아이히만은 재판 내내 자신은 맡은 바 임무를 수행했을 뿐이며 스스로를 독일 사회의 성실한 시민이자 따뜻한 아버지였다고 묘사한다. 심지어 과거 유대인과의 관계를 들어 자신이 저지른 일들은 유대인 혐오에 기반한 행위가 아니었다고 주장한다. 대량 학살이 자행되고 있는지 몰랐다는 그의 주장은 그가 학살 현장에 있었다는 증거가 제시되며 거짓으로 드러났다.

"나는 권한이 거의 없는 '배달부'에 불과했으며 아무것도 한 것이 없다. 임무의 규모가 크건 작건 히틀러나 다른 어떤 상급자의 지시를 그대로 따르며 성실히 임무를 수행했을 뿐이다."

아렌트는 아이히만의 진술을 들으며 그의 '말하기 무능력inability to speak'이 '생각의 무능력inability to think', 즉 타인의 입장에서 생각할 줄 모르는 것과 깊게 연관되어 있다고 판단했다. 아렌트는 아이히만을 괴물 같은 악마라기보다 타인에게 공감하지 못하는 무능력자로 평가했다.

아렌트는《예루살렘의 아이히만》출간 이후 다른 인터뷰를 통해 아이히만에 대해 다시 이야기한다. 아렌트는 아이히만이 지적인 사람이었지만 심오한 의미를 가지고 인종 학살을 자행한 것은 아니라고 주장하며 '악의 평범성The banality of evil'을 설명한다. 아이히만에게는 악마성이 없으며 남들이 무슨 일을 겪는지 상상하길 꺼려하는 단순한 심리가 있을 뿐이라고 정리한다. 타인의 입장에서 생각해보는 것, 이러한 '공감 능력'이 아렌트 사상의 핵심이다. 그리고 공감 능력의 부재가 살인의 책임을 면해주지는 않는다는 점도 강조했다.

이러한 아렌트의 생각은 1964년 대담에서 다시 한번 확인된다. 사회자는 아이히만이 스스로 평생 동안 칸트의 계율을 따랐으며, 칸트의 의무 개념이 그의 지도 원리였다고 밝혔다는 사실을 들어 아이히만과 루돌프 회스Rudolf Höss를 특별히 '독일적인 인물'로 볼 수 있는지 아렌트에게 질문을 던진다.

이에 대해 아렌트는 그들이 칸트 윤리학을 오독했음을 명확히 한다. 칸트는 인간 개개인을 입법자로 인식하고 있었으며, 칸트 철학에서는 어느 누구도 순종할 강제성을 갖지 않는다고 설명했다. 그리고 칸트는 순종을 이상화하는 것이야말로 정신 나간 사고방식이라고 주장했다. 아렌트는 이로부터 순종, 즉 개인의 거세가 얼마나 유해한지 강조한다. 어린 나이에는 순종이 중요한 문제지만 늦어도 열다섯 살이 되면 순종적인 태도를 버리고 하나의 개인으로 성장해야 한다고 보았다. 그리고 아렌트는 독일인의 전형성에 대해서도 독일인이 유달리 잔혹한 민족이 아니며, 이러한 민족적 특성에 대해 믿지 않는다고 답변한다. 문제되는 것은 '다른 모든 사람의 처지에서 생각하지 못하는 무능력'이다.

대담을 통해 아렌트는 실제 아이히만을 어릿광대로 인식하고 있었음을 밝힌다. 또한 360페이지 분량의 아이히만 경찰 조서를 꼼꼼하게 읽으며 여러 번 폭소를 터뜨렸다고 언급한다. 유대인 사회는 이러한 아렌트의 반응을 불쾌하게 여겼다. 하지만 아렌트는 자신의 이런 어조를 비난하는 것이 사적인 반대에 불과하다고 받아들인다.

《예루살렘의 아이히만》이 연재되고 출간되면서 유대인 진영에 더 큰 반향을 불러왔다. 아이히만을 '절대 악'으로 묘사하지 않고 오히려 옹호했다는 사실에 대한 비난이 크게 일었다. 이후 이 책은 유대인과 이스라엘 정부로부터 금서禁書로 분류된다. 나치즘의 영향으로 고향을 떠나 살면서 유대인 청소년을 돕고, 유대인으로서의 정체성을 회복하며 행했던 것들은 무시된 채, 오직 온전히 유대인의 입장에서 유대인을 대변하지 않았다는 비판을 받게 된 것이다.

독일계 유대인이자 철학자인 게르숌 숄렘Gershom Gerhard Scholem은 아렌트에게 비판적인 편지를 보낸다. '네가 과연 유대인의 딸인가?'라는 비판 앞에서 아렌트는 사랑이란 개인 간에 이루어지는 것이며 국가에 대한 사랑, 민족에 대한 사랑 따위는 무의미할 뿐 아니라 위험하기까지 하다고 답변한다. 평생 어떤 사람이나 집단을 사랑한 적 없다고 밝힌 이 발언은 유대계에서 반유대주의로 읽혔다. 아렌트는 독일인이건 프랑스인이건 미국인이건 노동 계급이건 그 어떤 것도, 어떤 '집단'도 사랑한 적 없다고 언급했다. 그리고 자신이 믿는 유일한 종류의 사랑은 개인이 개인을 향한 사랑일 뿐이라고 밝히고 있다. 철저하게 개인으로 남고자 했던 아렌트의 의지가 드러나는 발언이었다.

유대인들은 특히 나치에 부역한 일부 유대인 평의회Jewish Council에 대한 아렌트의 비판을 불쾌하게 받아들였다. 유대인들은 아렌트가 오해에 기반하여 이 책을 저술했다고 보았으며, 부분적으로는 의도적인 정치적 캠페인을 하고 있다고 생각했다.

아렌트는《예루살렘의 아이히만》의 어느 부분에도 유대인이 조금도 저항하지 않았다고 책망하는 내용은 없다고 밝히고 있다. 다만 아이히만 재판 때 이스라엘 검찰청의 기드온 하우스너Gideon Hausner가 이런 말을 했다는 점을 다뤘을 뿐이었다. 아렌트는 예루살렘의 증인들을 대상으로 한 이러한 질문은 어리석고 잔인한 것이라고 언급했다.

아렌트는 인간의 본질을 주어진 것으로 보는 입장을 거부하고 있을 뿐 아니라, 인간의 양심이 환경과 사회적 여건에 의해 달라질 수 있다고 보았다. 인간됨의 보편성을 주장하지 않는 그의 사상은 개인으로 살고 싶어 했던 그의 삶과 맞닿아 있다. 집단적 특성의 일반화와 적용을 거부할 뿐 아니라, 인간의 본성이라는 보편성 역시 환경이나 사회적 여건에 의해 형성되는 것이라는 아렌트의 주장은 그를 시대에 가둬두려는 시선과 편견을 향한 목소리이다.

억압 속에서 피워낸 지성

전체주의의 기원

아렌트는 인종 청소와 같은 입에 담지 못할 정도의 악행이 국민들의 지지를 받으며 공공연하게 자행될 수 있었던 원인을 고민한 끝에 《전체주의의 기원》을 집필했다. 《전체주의 기원》에서 아렌트는 파시즘, 나치즘, 공산주의와 같은 전체주의 사상의 기원을 분석해 근본악의 발생 배경을 탐구하고자 했다.

전체주의에 있어서 가장 핵심적인 요소는 바로 '대중'이다. 아무리 뛰어난 지도자라 하더라도 대중이 없이는 어떠한 권력도 만들어 내지 못한다. 대중은 어떻게 탄생하는 것일까? 여기에서 말하는 대중은 단순히 다수의 사람이 모여 만들어지는 존재가 아니다. 대중이란 감정—보통은 분노—을 표출하기 위해서 하나의 유기체처럼 움직이는 인간 집단이다. 쉽게 생각하면 정치적 의사 표출을 위해 집단적 행위를 하는 사람들을 대중이라고 할 수 있다. 물론 대중은 거창한 이성적 사고를 거쳐서 이를 행위로 옮기는 것은 아니기 때문에 '정치적 의사 표현'보다는 '집단적 감정 표출'이라는 표현이 더 정확하다.

대중의 탄생은 '잉여 인간'의 등장으로부터 비롯된다. 산업화, 도시화가 활발히 진행되며 인구는 좁은 지역에 밀집한 형태로 거주하게 되었고, 이러한 도시 거주민들의 대부분이 저임금 노동자로 사는 세상이 오면서 인간은 자존감에 큰 상처를 입는다. 세상은 '나'를 중심으로 돌아가지 않으며, '나'의 노동력은 언제든지 다른 사람에 의해 대체될 수 있다. 개성과 다양성이 사라지고 삶이 획일화되면서 인간은 스스로를 쓸모없는 존재, 즉 '잉여 인간'이라고 느끼게 된다.

이에 더해 경제 위기, 불안정한 삶 등은 인간으로 하여금 세상으로부터 소외받았다는 느낌을 받게 하고, 각각의 인간은 본인의 잉여 상태에 대하여 분노하기 시작한다. 이들 잉여 인간들은 분노를 표출할 대상을 찾으며 집단적으로 행동하고, 자신들을 구원해 줄 구원자 혹은 지도자를 바란다. 이처럼 분노에 찬 대중인 '폭민'들의 집단성, 폭력성, 획일성 등은 이를 교묘하게 이용할 수 있는 지도자의 출현으로 새로운 형태를 띠게 되는데, 이것이 바로 전체주의의 등장이다.

대중들이 미리 집단성을 가지고 움직이며 지도자나, 분노 표출의 대상을 찾아다니는 것은 아니다. 구심점이 없는 상태에서 대중은 잉여 인간, 즉 개인일 뿐이다. 이를 이용하여 전체주의를 생산해 내는 것은 지도자의 역할이다. 전체주의에서 지도자는 자신의 권력을 유지 및 재생산하기 위해 끊임없이 대중들을 창조한다. 여기에서 대중들을 창조한다는 것은 그들의 분노를 이용하고, 분노 표출의 대상을 설정해 준다는 것이다.

또한 이들은 대중을 만드는 기반인 잉여 인간을 재생산하기 위해 다양한 정치적 장치를 이용한다. 개개인의 개성과 다양성을 말소시키고, 개인이라는 존재를 지우는 것이다. 이와 같은 장치는 눈에 드러나는 경우도 있지만 교묘하게 작동하는 경우도 많다. 학교나 군대는 이러한 장치가 확연히 눈에 띄는 경우라고 볼 수 있지만 다름을 인정하지 않는 획일화된 문화 등은 눈에 보이지 않지만 교묘하게 사회를 오염시킨다.

전체주의의 가장 큰 문제는 대중의 획일화가 인간성을 파괴할 뿐만 아니라 비합리적이라는 것이다. 대중 속에 있는 개인은 대중 밖에 있는 대상과 상호 교감할 수 없다. 왜냐하면 개인과 대상 사이에 집단이라는 장애물이 작동하기 때문이다. 집단은 개인과 대상 간의 교류를 희석시킨다. 대중이라는 존재는 다수에 속해 있다는 감정, 세상에 대한 분노, 자신들이 옳다는 맹목적인 믿음을 이용하여 개인의 눈을 가린다. 이 때문에 타자의 상황, 감정 등은 대중 속의 개인에게 도달하지 못하며, 그의 인간적 반응, 합리적 판단을 이끌어 낼 수 없다. 이 구조 속에서는 타자에 대한 대중의 반응만이 남는다. 대중의 반응은 곧 전체주의의 움직임이라고 볼 수 있으며, 이러한 반응은 인간성과 합리성이 결핍된 채 지도자의 입맛에 따라가고 있다는 비합리적이고 맹목적인 모습을 보여주거나, 분노에 사로잡힌 비인간적인 모습을 한 경우가 많다.

아렌트는 전체주의의 전형으로 파시즘과 소련의 공산주의를 분석하는데, 흥미로운 것은 파시즘(나치즘)과 공산주의가 사상적으로는 정반대라는 것이다. 두 사상은 상이해 보이지만 몇 가지 공통점을 공유하고 있다.

첫째, 지도자가 가진 무소불위의 권력은 대중의 지지에 의존한다. 히틀러의 집권 및 성공은 독일 대중의 압도적 지지 덕분이었고, 소련의 공산주의 또한 대다수 민중의 지지에 기반을 두고 있었다. 둘째, 이들은 대중의 지지를 이어가기 위해 지속적으로 공통의 적을 상기시켜 그들의 분노를 자극했다. 히틀러의 경우 그 분노의 대상을 유대인으로 돌렸고, 소련 공산주의가 설정한 대상은 부르주아였다. 셋째, 이들은 대중의 기반이 되는 잉여 인간을 만들기 위해 다양한 정치적 장치를 사용했다. 히틀러는 공교육 등을 이용해서 개개인의 다양성을 없애는 집단적인 문화와 상호 감시 체제를 만들어 냈다. 넷째, 이들은 대중의 지지를 근거로 악행을 저질렀다. 히틀러는 유대인 학살을 자행하여 수백만을 살해했고, 소련은 부르주아라는 이유로, 혹은 사상이 다르다는 이유로 인간을 가두고 살해했다. 이러한 악행은 대중의 지지 속에서 이루어졌다.

전체주의 취약 시대

파시즘과 소련의 전체주의는 무너졌다. 그렇다면 이제 우리는 전체주의로부터 안전한 것일까? 당시 아렌트의 문제의식은 오늘날 우리 사회에 어떠한 시사점을 던져줄 수 있을까? 우리 사회에서 전체주의의 시작이 될만한 요소가 존재하는지, 아니면 이미 전체주의적인 요소가 존재하는지 살펴보자. 이를 위해 우선 우리 사회에 대한 몇 가지 질문을 해야 한다.

첫째, 현대 사회는 잉여 인간을 생산하는가? 현대 사회에서 인간은 굉장히 파편화되어 있다. 옆집에 사는 이웃을 모르는 경우가 다반사일 뿐더러 미디어를 통해 전해지는 선정적이고 자극적인 뉴스는 사람을 점점 더 무감각하게 만든다. 내가 아닌 다른 사람의 고통에 관심을 가지지 않고 이에 더하여 개개인의 삶은 점점 팍팍해지고 불안정해지는 데다 미래는 예측할 수 없는 방향으로 흘러간다. 과열된 경쟁 속에서 늘 가치를 의심받으며 견뎌왔지만 경쟁 이후의 사회에서도 부속품이 될 것을 강요받는다. 우리는 다양성이 있는 사회를 만들자고 외치지만 행복하게 사는 것이 무엇인지, 나는 누구인지에 대한 진지한 고민 없이 남들과 비슷하게, 안정적으로 살기 위해 노력한다. 이는 잉여 인간을 만들어 내기에 완벽한 환경이다. 개성과 다양성은 소멸되고, 많은 사람들이 자신의 정체성을 확립하지 못한 채 스스로를 쓸모없는 존재라고 느낀다.

둘째, 잉여 인간들은 폭민이 되어 가고 있는가? 잉여 인간화, 파편화되어 스스로의 가치를 찾지 못하게 된 사람들은 분노를 느끼고, 이를 표출할 대상을 찾는다. 현재 사회는 이러한 분노 표출의 온상이라고 보인다. 테러, 혐오 범죄, 난민 증오, 극우 세력의 부상 등은 모두 우리 사회에 만연한 분노 상태를 보여 준다. 뿐만 아니라 종교적 대의를 이용하여 무고한 사람들을 죽이고, 단지 인종, 성별, 성적 지향이 다르다는 이유로 타인을 혐오한다.

이 글을 읽으며 '나는 절대 혐오주의자가 아니야'라고 생각할지도 모른다. 그런데 이와 같은 분노는 우리의 이미 삶에 녹아 있기 때문에 우리가 모르는 새에 표출되기도 한다. 이를 가장 크게 느낄 수 있는 공간이 인터넷이다. 얼마 전까지만 해도 악성 댓글 피해자들의 호소로 대한민국이 떠들썩했다. 악성 댓글에 대한 이중성을 살펴보자. '악플러'에 대한 1차원적인 지적만을 말하자는 것이 아니다. 악성 댓글을 단 불특정 다수의 네티즌에게 쏟아지는 무자비한 악성 댓글까지도 볼 수 있어야 한다. '악플을 단 사람들에게 똑같은 고통을 주는 것이 무슨 문제인가'라고 되물을 수 있다. 하지만 단순히 이한 가지의 모습이 문제가 되는 것이 아니다. 관용이 사라져가고 있다는 것이 문제이다. '잘못한 사람을 욕하는 건 잘못이 아니야'라는 오늘날 우리의 극단적인 사고방식 또한 폭민의 징표가 아닌가 하는 생각을 해볼 수 있다.

셋째, 대중의 분노를 이용하려고 하는 정치 지도자들이 존재하는가? 이 또한 최근 두드러지는 모습이다. 미국에서는 백인 노동자 계층의 분노를 자양분 삼아 트럼프가 대통령이 되었고, 폴란드와 헝가리는 극우주의 지도자가 대중의 분노를 이용하여 국가를 점점 권위주의적으로 변형시키고 있다. 그 외 독일, 프랑스, 영국과 같은 국가에서도 극우 정당, 극우 정치인, 극단적 정책들 차례로 부상하고 있다. 엄밀히 말해서 오늘날의 이와 같은 정치인들이 아렌트가 살던 시대의 파시즘, 공산주의와 같은 완전한 전체주의적 모습을 보여 준다고 말하기는 어렵다. 그러나 이들이 사용하는 용어, 대중을 동원하는 방식, 이를 통해 달성하고자 하는 목표는 과거와 매우 흡사하다. 이들은 대중에게 분노 표출 대상을 설정해주며 자신들이 추구하는 길이 옳은 길이라고 설득한다. 이러한 설득에 성공하여 정권을 쥔 극단주의자들은 서서히 자유민주적 가치를 약화시키고, 폐기시킨다.

전체주의는 특정 시기에 잠시 등장했던 독특한 정치 체제나 사회의 모습이 아니다. 언제든 현대 사회에 재등장할 수 있는 괴물이다. 오히려 과거보다 기술적으로, 과학적으로 진보된 지금의 전체주의는 한층 더 교묘하고 파괴적인 결과를 낳을 수 있다. 아렌트가 전체주의의 기원을 연구한 이유는 사람들에게 잘못이 없다고 합리화하기 위함이 아니라, 미래에 똑같은 일이 벌어지는 것을 막기 위함이었다. 그렇기 때문에 현재 전체주의의 도래를 막는 것은 우리의 역할이기도 하다. 즉 우리는 사회의 분노를 감소시키고 잉여 인간의 발생을 막기 위해 어떤 노력이 필요한지 더 늦기 전에 고민해야만 한다. 전체주의의 역사를 잊은 인류에게는 어쩌면 미래가 없을지도 모른다. 현대 사회에 존재하는 파시즘적 요소들을 약화시키거나, 지워내지 못한다면 어두운 과거를 되풀이하게 될지도 모른다.

현대편
● 김윤희

니체에게 묻다

🎤　오늘날 여성관과 관련한 여러 키워드 중 미
투 운동(#Me Too Movement)에 대한 의견을 묻고 싶
습니다. 19세기의 관점에서 미투 운동을 떠올리는
것은 어떤가요? 만약 당시에 이러한 일이 일어났
다면 어떤 양상을 보였으리라 생각하십니까?

📢　저는 미투 운동을 남성 우월주의에 대
한 저항이라고 보았습니다. 남성이 저지른 성
폭행, 성희롱 등을 고발하고 폭로하는 데서 시
작되었지만 본질은 남성 중심의 세상에 대한
비판이었죠. 또한, 전통적인 성 역할에 대한 거
부 의사라고 생각되기도 합니다. 19세기에는
남성들의 성적 만행이 만연했을 뿐 아니라 여
성들 역시 이러한 시대상에 녹아들어 있었습
니다. 여성들이 계몽되지 않았기 때문이라고

생각할 수도 있지만 저는 그렇게 생각하지 않습니다. 매춘 여성이 많았던 시대적 사실에 대한 이야기로 이를 이어가 보겠습니다. 그전에, 제가 이 주제를 꺼낸 것은 미투 운동과 매춘을 연결 지으려는 목적이 절대 아닙니다! 전통적인 성 역할의 문제를 꺼내기 위해서입니다.

당시 노동 계급의 여성은 공장에서 받는 임금만으로는 생계를 유지하기 어려웠습니다. 게다가 시대 상황에 따라 여성의 역할을 가정에 규정하다 보니 처녀가 아니면 결혼을 거부당했고, 거절당한 여성은 부양해 줄 남성이 없을 경우 경제적인 자립과 생존을 위해 매춘을 하는 경우가 많았습니다. 이들의 존재는 가부장제 사회에서 여성이 겪는 불평등과 그로 인해 야기되는 가난이라는 구조적 문제와 관련이 있습니다. 그러나 이들의 인권은 남성뿐만 아니라 일반 여성들에게도 탄압을 받았습니다.

19세기의 여성 해방 운동은 실상 성 역할에서 탈피하기보다는 남성과 여성은 같다는 의미에서의 평등을 주장했습니다. 고정된 성 역할에서 탈피하지 못한다면 미투 운동을 일으키거나 문제를 제기하는 것 자체가 어려웠을 것입니다. 이때의 여성은 남성과 가정에 귀속된 채였기 때문입니다. 고발이 일어난다 하더라도 여성 개인이 아닌 '다른 사람의 아내'를 만지거나 희롱했을 경우이겠지요.

19세기의 여성 해방 운동에 아쉬움을 느끼는 점이 이 때문입니다. 남성과는 다른 여성 고유의 성질과 그 자체로 특색 있는 가치, 즉 올바른 여성의 역할과 위상이 아니라 단순히 남성과 여성의 동등만을 강조하기 때문입니다.

저는 여전히 생물학적인 차이로 인해 각자의 성 역할이 다르다고 생각하지만 시대가 변함에 따라 이 역시 바뀔 수 있다고 생각합니다. 기존의 역할에서 탈피하고 각자의 고유한 가치를 추구할 때 진정한 인간으로 자리매김할 수 있을 것입니다.

아렌트에게 묻다

🎤 앞서 니체 씨에게 한 질문에 대한 답을 아렌트 씨에게도 듣고 싶습니다.

📢 저는 미투 운동이 성차별적 문제뿐 아니라 인권 문제라고 생각합니다. 우리는 이를 젠더보다 조금 더 넓은 범주에서 생각할 필요가 있습니다. 미투 운동은 남성과 여성의 싸움이 아닌 권력관계에 따른 강자와 약자의 싸움입니다.

과거 미국에서 인종 차별과 계급주의 철폐를 위해 싸우던 여성들은 차별을 몰아내고 자유를 쟁취하자고 함께 외쳐온 남성들이 여전히 여성에 대한 차별과 무시의 행태를 유지하고 있음을 깨닫고 분노했습니다. 이들이 만들고자 하는 자유로운 사회에서조차 여성에 대한 차별이 존재한다는 사실 때문입니다. 이에 여성들은 여성 해방으로 눈을 돌리게 되었고 초기 페미니즘에는 남성에 대한 분노가 담겨 있을 수밖에 없었습니다.

그러나 페미니즘이 점차 진보하며 성차별적인 행동과 사고가 단지 남성들만의 잘못은 아니라는 점을 깨닫습니다. 이는 개인의 문제이면서 차별주의적 사고를 문제 삼지 않는 사회 구조의 문제이기도 했습니다. 문제가 남성뿐 아니라 사회 그 자체라면 차별의 행위자는 여성이 될 수도 있습니다. 따라서 페미니즘은 성별을 엄격하게 나누는 사회 구조를 무너뜨리고 구성원 모두가 차별 철폐를 위해 움직여야 한다고 주장합니다.

하지만 성별이라는 프레임에서 벗어나 이 관점으로 세상을 바라보면 더 큰 차원에서의 사회 구조가 보입니다. 성차별적 사회 구조 역시 하위 단계였을 뿐, 성차별을 없앤 상태에서 보면 이제는 권력에 의한 차별적 구조가 보입니다. 미투 운동 역시 마찬가지입니다. 현재 대부분의 미투 운동에서 가해자는 남성, 피해자는 여성으로 밝혀졌고, 이 때문에 대중은 남성과 여성으로 양분되어 젠더 싸움을 벌이고 있습니다. 하지만 실상 우리가 칼을 겨눌 상대는 남성, 혹은 여성이 아닙니다. 힘과 권력을 불순하게 행사하여 자신보다 약한 상대를 휘두르는 자들이 문제죠.

따라서 저는 미투 운동을 성별 특성이 아닌 하나의 '개인'적인 차원에서 바라봐야 하고, 사회 구성원 모두가 나서 함께 해결해야 할 문제라고 생각합니다. 이분법적인 젠더 싸움은 상호 간의 추락을 야기할 뿐입니다. 개인이 성, 계급, 인종, 권력 등의 틀에서 벗어나 서로를 마주할 때 보다 건전하고 발전된 사회를 만들 수 있습니다.

평등은 미래진행형

초판 1쇄 발행 2020년 4월 10일

지은이   김윤희, 송 샘, 양명운, 한만형
펴낸이   곽철식

책임편집 구주연
디자인   박영정
펴낸곳   다온북스
인쇄   영신사
출판등록 2011년 8월 18일 제311-2011-44호
주소   서울시 마포구 토정로 222, 한국출판콘텐츠센터 313호
전화   02-322-4972   팩스 02-322-4872
전자우편 daonb@naver.com

ISBN 979-11-90149-31-0 (03100)

이 도서의 국립중앙도서관 출판예정도서목록(CIP)은 서지정보유통지원시스템
홈페이지(http://seoji.nl.go.kr)와 국가자료공동목록시스템(http://www.nl.go.kr/kolisnet)에서
이용하실 수 있습니다.(CIP제어번호:CIP2020010380)

다온북스는 독자 여러분의 아이디어와 원고 투고를 기다리고 있습니다.
책으로 만들고자 하는 기획이나 원고가 있다면, 언제든 다온북스의 문을 두드려 주세요.